陳深名，林之滿，蕭楓 編著

從傳說中重塑文明的起源與興衰，
探究歷史叢林裡的神祕國度

GOLD AND MYTH

# 黃金與神話

## － 印第安文明的遺產 －

追尋印第安的腳步，探索這個羽毛與星辰的文明！

從北美的壯闊土丘到南美的黃金國度，一場穿越古老文明的旅程！

天文學成就、建築奇蹟、繪畫手工藝......無一不精！

揭開人類歷史和文化遺產的壯闊畫卷，

發現遠古世界的無盡奧祕！

# 目錄

## 印第安文明的發源

## 南美洲的印第安文明 —— 印加文明

# 目 錄 ——————————————————————

# 印第安文明的發源

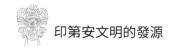

# ▎神奇富饒的美洲大陸 ────────

　　在遼闊的太平洋和大西洋間，坐落著一片神奇的土地，這便是位於西半球、橫跨南北兩個半球的神奇、秀美的美洲大陸。美洲大陸，北起北極圈內，南至合恩角與南極洲隔海相望，面積 4,200 多萬平方公里（相當於非洲和歐洲面積的總和），它環繞的海岸線彎曲、綿長，是大自然神奇的造化，蘊藏著大量的海洋資源。

　　神奇富饒的赤道穿過南美洲北部，使得美洲大陸南北季節相對，氣候相反；地形的高低懸殊，又造成氣候的複雜多樣。極地與熱帶地區相比，氣溫有近百度的差異；乾旱的沙漠與大河流域的降雨量，相差竟有 100 多倍。美洲大陸流淌著被稱為「河流之父」的世界第三大河 —— 密西西比河，和被稱作「河流之海」的世界第一大河 —— 亞馬遜河，它們分別奔流在北、南兩塊美洲的大地上。此外，馬更些河、育空河、聖羅倫斯河、格蘭德河、內爾孫河、阿肯色河、科羅拉多河、拉布拉他河、普魯斯河、瑪代拉河、聖法蘭西斯科河、奧利諾科河、托坎廷斯河、巴拉圭河，都是海拔 2,000 公尺以上的大河，以洶湧澎湃之勢，分別奔騰流瀉進太平洋和大西洋。南北美洲活躍著 140 多

座活火山，在這些火山區，還同時伴有 1,602 處溫泉，圖蓬加托火山是世界上最高的活火山；世界最大的平原——亞馬遜平原和世界上面積最大的高原——巴西高原，同時層疊在廣闊的南美洲上；有「北美地中海」之稱的五大湖；蘇必略湖、休倫湖、密西根湖、伊利湖和安大略湖（其中蘇必略湖，是世界第一大淡水湖），是由冰川作用形成的世界最大的淡水湖群；安赫爾瀑布為世界上落差最大的瀑布。地震和颶風也常常光顧這片南北相連的大陸。

巨大的森林覆蓋著北美洲西北部（美國西北部和加拿大西北部）和中美洲、南美洲大片的沃野。亞馬遜河流域，至今還常青著茂密的熱帶原始森林，成為世界上最大的原始森林。中、南美洲的森林資源，約占全世界的森林資源的三分之一。

自然環境是人類生存的決定性因素，也是影響歷史發展的重要因素。北美洲的最北方在北極地區，氣候寒冷。而向南，穿越過森林地帶，則是廣袤的大草原；西印度群島是北美大西洋海岸向南美洲海岸延伸形成的一群弧形孤島，它把大西洋和加勒比海隔成兩片。西印度群島屬熱帶氣候，潮溼炎熱。中美洲的北部，是東、西馬德雷山脈，山脈之間，是廣闊荒漠的北墨西哥高原；它的南面，是活

躍的火山地帶，形成了寬闊的谷地和重疊的山巒；再向南，一直延伸到墨西哥灣沿岸，地勢才低窪下來；山谷間氣候溫暖，適於農耕。墨西哥北部是沙漠，南部是熱帶森林，沿岸是大片的沼澤。安第斯山脈缺少河流，雨水稀少，屬沙漠地帶。而西邊山坡和高原，有豐富的溪水穿過，是原始農業的搖籃。亞馬遜河流域形成了大面積的原始森林、平原和草原，氾濫的河水形成眾多的湖泊或分支。在南美洲的東部，出現了平坦的大草原，有繁多的植物種類，還夾雜著灌木林和茂密的闊葉林。

由於氣候多樣，河流眾多，使得美洲大陸成為世界上最重要的糧食盛產地。主要有北美洲的小麥，赤道地帶大量的熱帶作物，南美洲的草原、高原和高山地區豐富的穀物（玉米、豆類、花生、番茄、南瓜、馬鈴薯、可可，還有鳳梨、酪梨、楓糖、草莓等，極為豐富）。

廣闊的大陸，蘊藏著豐富的動力資源和金屬礦產資源。儲藏巨大的煤（美國、巴西、哥倫比亞）和石油（加拿大、美國、智利、墨西哥、委內瑞拉一帶），還有巨大的水利資源（尼加拉、伊瓜蘇、維多利亞三大瀑布和數百條水流湍急、洶湧澎湃的大河）、鐵（巴西、美國、古巴、委內瑞拉）和非鐵金屬礦藏的金、銀、銅、錫、硝石（智利、秘

魯、巴西、美國、墨西哥、加拿大、玻利維亞），以及分布
廣闊的鉛、釩、鉑、錳、鈷、翡翠、寶石、金鋼石等，還
蘊藏著核能所需要的釷。

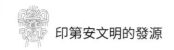
## 美洲大陸的印第安文明

　　廣闊的美洲大陸,孕育了燦爛輝煌的古代印第安文明。狹長的中美洲,猶如一座細窄的橋,連著南北美洲,在 4,200 多萬平方公里的土地上,數萬年來,生活著以易洛魁人、馬雅人、阿茲提克人和印加人為主的部族眾多的印第安人,他們在漫長的歷史歲月中,創造了輝煌的成就和高度發達、舉世聞名的古代美洲文明。成為和希臘文明、羅馬文明、中國文明、印度文明、埃及尼羅河文明、西亞兩河流域文明並列的世界古代文明之一,印第安文明對世界作出了重大的貢獻。

　　西元 1492 年 10 月的一個早晨,得到西班牙王室資助的義大利探險家哥倫布,率領由三艘帆船組成的船隊,踏上了美洲大陸,為了尋找黃金和傳教。當哥倫布抵達時,他以為已經到了馬可‧波羅(Marco Polo)在所說的印度,便把在美洲發現的人,稱為「印第安人」(印度人)。此後,居住在廣大美洲大陸上的人,便被稱為「印第安人」,這便是印第安人的由來。

## 誰是印第安人的祖先

透過考古和研究，直到晚期智人階段，現代人類出現以後，人類才慢慢地擴展到地球更廣大的地區，進入美洲，再進入大洋洲（這和北美印第安人、馬雅人和《聖經》的預言有些相同，即人類經歷過洪水氾濫的毀滅，只剩下居住在海拔幾千公尺以上的人活了下來，又逐漸地使人類繁衍開來）。這樣就對印第安人的來源，進行了各種探究和推理。在各種推理學說中，可大致分為兩種，即土生論（尚無有力證據）和遷徙說。遷徙說中，得到最普遍公認的，是亞洲人最早遷徙到了美洲，即亞洲的華北古人類，是印第安人的祖先（如馬雅人和蒙古人有關）。提卡爾君主陵墓中的赤陶香爐，其形象為傳說中的人祭之神。

印第安人的祖先，由亞洲的東南部和東部，沿著太平洋沿岸向北，經過冰河時代的白令海峽（最新考古在白令海峽一帶發現據今 4 萬年左右獵人應用的石鏃等器物）大陸橋（當時還是未沉入海底的陸地），進入了原始森林的美洲。然後，他們從洛磯山西側沿太平洋岸南下，並從洛磯山北部進入哈德遜灣以西，及美國中部和太平洋沿岸地區，一路向南，並於 1 萬年前，到達了美洲的最南部阿根

廷（生活於 11,000 年前阿根廷南部人類使用的工具、食用丟棄的駱駝骨頭和一些洞穴中的文化遺物）。

採納這種說法的，其主要證據是楔狀石核。在中國華北虎頭梁村遺址中，曾發掘出了 200 多件楔狀石核，而在北美的阿拉斯加的阿茲提克遺址也出土了石核，這兩種遺址的石核類型和加工方法，竟完全相同，而在時間上，虎頭梁遺址，顯然早於阿茲提克。這說明美洲的石核技術，源自於華北。這一推論，被俄羅斯考古學家所證實。他在臨近北美的堪察加半島楚科奇地區考察時，發掘出了大量的石器（石鏃、石刀等），證明舊石器時代前，就有狩獵者在此活動，這說明是有人經過堪察加半島的楚科奇地區，穿越白令海峽去美洲。

加拿大的學者認為，美洲印第安人的祖先，是在 1.2 萬年前由北京周口店逐漸遷徙過去的。他的根據是，近 20 多年來有海洋學家在喬治亞海峽（加拿大）的冰磧物裡，找到了一些右手使用的原始工具（與舊石器時代周口店的石器相似），在加拿大沿海地區找到的一尊玄武岩小塑像（模樣極像北京周口店人）；另外還有在一個山洞（美國新墨西哥州），和在智利南部發掘出的一座據今 3 萬年前的印第安人遺址中，發現的 2 萬年前的尖狀石器。他認為，未來的

海洋學家，將會在海底深處和海洋沉積層發現更多，來進一步地論證。

對美洲印第安人的祖先是亞洲人遷徙到美洲在金碧輝煌的烏斯馬爾古城的這一觀點，還有很多不同的見解：中國學者認為，是距今 4 萬至 5 萬年前，東北亞人經過白令海峽進入了北美洲；有美國學者認為，亞洲人是在末次冰河期到達阿拉斯加的；秘魯學者認為，是早在 7 萬年前或 5 萬年前的冰河末期遷徙而來的，而路易斯·李奇（Louis Seymour Bazett Leakey）堅持時間應是在 7.5 萬年至 1 萬年間，另有學者認為，應該是從 14 萬年前，這種遷徙就開始了。

關於如何穿越白令海峽的這一問題，根據對古地質學的研究，在第四紀（特別是在末次冰河期），氣候變冷，海平面下降 130 ～ 160 公尺，白令海峽（水深只有幾十公尺）便浮出水面，成為一座連接亞洲和美洲的橋，這種狀態一直持續到 2.5 萬年至 1.5 萬年前。那時候，美洲阿拉斯加一帶氣候溫和，野獸眾多（如猛獁象、駝鹿、馴鹿、麝牛、綿羊等），獵人們追逐著動物，穿越過白令海峽到了美洲（1932 年在美國阿拉斯加育空河一帶發現了許多猛獁象化石，表明這一帶曾經是狩獵的地方）。

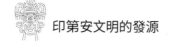 

其實即便是海峽，人也是可以通過的。海峽最窄處（威爾斯王子角）還不到 35 公里，中間有兩個小島（拉特曼諾夫島和小代奧米德島，相距 4 公里），海峽又很淺（今平均水深 42 公尺，最深處 52.1 公尺），如果海水下降 40 幾公尺，便能與陸地相連。

遷徙說還有幾種說法：

（一）來自於歐洲說。一種說法認為，歐洲人通過地處帕倫克東南 80 英里以外的一座城市，發現於 1946 年。經大不列顛島和格陵蘭島進入美洲；另一種說法認為，歐洲人是通過一塊傳說中已經沉入大西洋底的陸地進入歐洲；還有一種說法，認為歐洲人是穿過烏拉爾山，經過西伯利亞，再通過白令海峽進入美洲的；也有學者提出，是從高加索遷移到東邊，再由西伯利亞或蒙古沙漠移入美洲。

（二）有學者認為，印第安人和猶太人面貌很像，他們可能是傳說中失蹤的猶太人的後裔。

以上兩種說法，都還缺少有力的證據，況且在舊石器時代，格陵蘭島還是厚厚的冰川，後來又發生過大面積海浸（ingression），把歐亞大陸徹底分開。至於沉入大西洋的陸地，恐怕早已經是 1,000 萬年以前的事了。有人根據在北美出土的 4 處具有高加索人特點的遺骨，認為印第安人

的祖先是高加索人，這種說法未得到公認。有人認為這些遺骨是日本的阿伊努人，或者其他和高加索人有相同特徵的人的遺骸。

除了遷徙說，還有一種本土論，認為印第安人是美洲大陸本土的人類，世界各個地方都有人類誕生。這種說法目前尚無證據，只是一種猜測和想像。

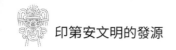

# ▎北美洲印第安人的建築 ────────

## ◀ 易洛魁人的建築 ▶

印第安人，他們在遼闊的美洲大陸，從原始的母系氏族開始，經歷了漫長而遙遠的歲月，創造出了發達的古代美洲文明，許多神奇而偉大的建築，給人類留下了輝煌的建築文化。

處於原始部落的北美印第安人，他們居住的都是「群居大房屋」。他們形式各異，大約有 7 種之多，這在摩爾根（Lewis Henry Morgan）的《古代社會》（*Ancient Society*）中有所記載。

易洛魁人居住的房子，通稱為長屋。這種長屋，大小不等，小的長約有 15 公尺，而大的則長達 24 公尺。

搭建這種房屋時，要先在地下挖坑，栽上木柱，再在木柱上架上橫杆，綁緊，接著在木框架上搭上一個三角形或半圓的屋頂。在屋頂和長屋的周圍，都覆蓋著大張的榆樹皮。屋子裡間隔出許多的小房間，每一個大約在 2 公尺至 2.5 公尺之間。房屋的中間，有一條大約寬 0.6 公尺至

1.2 公尺的通道，所有小房間的門，都向通道敞開。每兩對房間的通道，有一個壁爐，供這四個房間取暖。壁爐上的屋頂處，都有一個小天窗，用來排煙。靠牆的地方，是床鋪，都是用樹皮搭建而成，上面鋪著草蓆，還有獸皮；而在下面，則堆著過冬用的一些燃燒之物。床鋪的上面，還有一個用樹皮搭建的閣樓，離床鋪一公尺高，睡著孩子，也有用來放雜物。三角形的屋頂下，還有一層，專門用來存放過冬的玉米。在長屋的兩端，他們還各建有一個小的空間，夏天裡，大家便在這裡一起交談娛樂；到了冬天，他們便把一些柴放在那。通道的兩端都有一個門，門開在兩面的牆上，外面用一大塊樹皮擋住。到了冬天，便要再加上毯子或是獸皮。門上是一種雕刻的圖騰，大多是動物的形象。推開門，便能走出屋外，走到街上。

　　每一個易洛魁人的村莊裡，大約都有 10 至 30 座的長屋。到了 16、17 世紀，為了防止襲擊，這樣的村莊四周，都圍起了柵欄。而到了 19 世紀，這種長屋就所剩無幾了。位於安第斯山脈荒涼的寒風中的蒂亞瓦納科古城，留給人們太多的不可解釋和難以臆測的神祕。

## ◀ 加州的印第安人的建築 ▶

在加州南部和北部居住的印第安人，他們住的棚屋也有所不同。

位於庫斯科薩克塞瓦曼的石頭建築因為建造者非凡的才華，時至今日仍巍然屹立。在加州北部居住的印第安人，都住在一種半圓形的小棚屋。從遠處望，就像是半個球，有點像現在蒙古人居住的蒙古包，或許，這代表著他們對宇宙自然的認知。

建造這種小棚屋，要先向地下挖兩尺深的地坑（挖出來的土，一部分堆到外面阻擋雨水，一部分覆蓋到半圓形的屋頂上），有點像地窖。有時候，在屋頂中間開一個門，人們進出的時候，要沿著梯子上下。一個屋子裡，住著三個或兩個家庭。屋子的中間放著一個火爐，人都睡在靠牆邊的地方，左右都堆放著東西。在山裡，與這樣的圓屋不同的是，還有一條 2 公尺長、1 公尺高的通道。每一個村莊，大約都有 6 到 7 間棚屋。每間房屋的旁邊，都有一個啤酒桶形的、用草和樹枝編成的糧倉，穩穩地矗立在地上，或架在柱子上。村子的中間，還有一個大的半圓形棚屋，讓全村人交談和跳舞娛樂。

住在南部的印第安人，他們的棚屋，都是錐形或楔形的。造這些棚屋，主要都是用楸木，人睡覺的時候，頭朝著高處。村裡的棚屋，全都都排成一行，屋前都有一個用樹幹搭建成的涼棚。村長和薩滿各住在村莊兩頭的棚屋裡。每一個棚屋，都住著兩戶以上的家庭，最大的棚屋內，住 30 到 40 人不等。

## ◢ 育空河印第安人的建築 ◣

獸皮屋，是育空河印第安人居住的房子。搭建這種獸皮屋，要把一些木頭用火烤熱後，彎曲成圓弧形，再用這些彎曲的木頭，搭建成一個近似橢圓形的房屋框架，把帶毛的鹿皮縫在一起，覆蓋到搭好的框架上。在頂端，還要開啟一個直徑約 1 公尺的洞（為了讓煙出去）。門開在離地面 1 公尺高的地方，一塊垂著的鹿皮做擋風的門簾。2 公尺高的獸皮屋，半徑有 4 公尺左右，中間是一個火堆，堆著很多的松樹。火堆的兩邊，各是一個家庭，每個人都有一個固定睡覺的地方。也有的裡面隔成很多小間，每個單間都向中間的火堆敞開著，住著很多人。

## ◀ 明尼蘇達的印第安人的建築 ▶

明尼蘇達的印第安人，是達科他人和奧吉布瓦人。他們先前居住的，是一種帶有框架的小棚屋。先用木頭搭建好框架，再鋪上大張的樺樹皮，用木條釘住，這樣就使房屋的框架富有彈性。屋裡的床鋪，是用樹枝搭成的，上面再鋪上毯子或獸皮。屋子中間是火堆，火堆上面，要開一個放煙的小洞。一屋裡住著兩三戶，他們都是一家人。

曾經是太陽神廟的遺址上，如今聳立著教堂。他們被入侵的歐洲人逼迫到了草原上，開始放牧馬群，四處遷徙，不能安居，便發明了一種皮帳篷。皮帳篷的框架，是用 13 根 5.6 公尺長的木頭做成，細的一端綁在一起，粗的一端張開，分支在大地上，並固定。然後，再把野牛皮縫合在一起，把它罩到木頭架上，進行固定，用帳篷釘牢牢地釘在地面上。帳篷頂端再開一個口，加一塊衣領狀的皮革，開的口背著風向，使帳篷裡的煙能從裡面飄出來。帳篷能容納 10 人左右，直徑大約為 3 公尺。地上都鋪著乾草，床鋪和火堆靠著牆邊。帳篷底部開一個洞，用來方便進出，再掛上一張獸皮，做為門簾。這樣的簡易輕便，易於拆卸搬挪，一旦需要轉移地方，只要把篷皮捲起，杆

頂仍舊綁在一起，掛在馬的兩側，其他東西馱在馬或狗背上，說走就走，非常方便。

## ◢ 平原上的印第安人的建築 ◣

居住在平原上的北美印第安人，他們的房屋，一般有三種樣式：一種是帶有封閉院落的多層平臺式的房屋；第二種是由階梯狀層層升高的金字塔形層樓（房屋的中心為最高點）；再有一種，便是帶有許多平臺平行排列在一起的很多房間。

這種房間底層寬闊，沒有門窗，成為整個樓的第一層平臺。第二層是一些比較狹小的房間，它們所構成的是第二層平臺。第三層是最高層，是一些比第二層還小的房間，形成第三層平臺。人們需要踩著梯子，從一層平臺到另一層平臺。

北美印第安人的村落，都有專門用來進行祭祀、宗教和部落會議等儀式的公用房屋，牆壁有的是用土坯（乾草切碎和溼泥，用模子鑄出）建造，也有的是用沙石建造的。

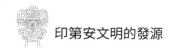
# 北美洲印第安人的藝術

　　北美印第安的藝術，帶有明顯的原始宗教色彩和軍事生活特徵，也帶有自然環境的重要因素。

## ◀ 音樂 ▶

　　生活在大草原和平原上的印第安人的音樂，還處於簡單時期，這從它的節奏上，便能明顯地感覺到。歌曲可分為宗教歌曲、詩詞歌曲和高音歌曲，伴奏主要用單鼓（用生皮做成的一種直徑 0.25 毫米至 0.5 毫米的樂器，用於獨唱和小型合唱）、低音鼓、兩面鼓（用於伴奏大型舞蹈）等。印第安人在傳統節日和好友重逢時，要唱《歡迎曲》；為熊演唱時，要唱宗教歌曲《熊曲》（熊被視為最強壯的神、最可愛的動物）。人們在唱宗教歌曲時，要聚在一間用樹枝搭成的神聖小屋裡歡宴，並徹夜地歌唱，還把乾肉餅等各種食物獻祭給熊。《草原舞曲》是流行歌曲（先由戰士歌唱，後演變為表演者的旅行歌唱）；《棍棒球》約有 100 首，是人們遊戲時唱的歌曲，也是最流行的歌曲。這種遊戲的主持人，往往是由巫醫或年長者擔任，無論男女都能參加，但女人只能唱歌或觀看。參加遊戲的人，可以在

2～20 人之間，分兩組，面對面盤坐或跪坐，一方中的一個人，手裡握著兩個圓筒狀的骨物（其中一個有黑線，握在手裡看不見），圍著對方不停地轉，讓對方猜有黑線的穀物在哪隻手中，剩下的人，跟著《棍棒曲》的節拍，拿棒子拍打著對方的長板。如果猜中了，對方便贏得一根棍棒和兩個骨物；如果對方猜不中（一定時間之內），握骨物者就會贏得兩個棍棒，遊戲繼續，一直到有一方的棍棒全部輸光為止。不同的《棍棒曲》，快慢的節奏也有所不同。

生活在接近北極的印第安人，鼓是他們最主要的樂器（唱歌時也要擊鼓）；他們還有用鳥骨做的長笛，用樹皮做的哨子，和拿草莖製作的笛子。歌曲（往往只是作為舞蹈的伴奏）從內容上，可以分為情歌、頌歌、祝歌、戰歌等。幾乎人人都喜歡唱情歌，表達著他們愛情的浪漫或情人之間的思念；頌歌主要是歌唱大自然，或是對自己家鄉的讚美；祝歌主要是在婚宴和哀悼會上唱的；在作戰時要唱一種戰歌，用以激勵戰士勇敢殺敵。

## ◢ 舞蹈 ◣

著名的太陽舞，是生活在草原和平原上的印第安人最重要的舞蹈。跳舞的人，在跳舞時要目不轉睛地看著太陽

（太陽舞由此得名）。舞蹈是在夏天舉行，但要準備一個冬天和一個春天（是世界上準備時間最長的舞蹈），實際上它是一種祭儀。在漫長的冬天裡，他們都在為舞蹈準備，要進行齋戒，要在特定的帳篷裡沐浴（避免災禍對人的侵害）。在夏天降臨的時候，舉行舞蹈的日子也到了。舞蹈的場地，要先用木頭圍起一個圓形的場地，中間豎起一根「太陽柱」，上面掛滿了小布條、皮塊和羽毛（以此表示向太陽獻祭）。柱子的下面設一座祭壇（用野牛的頭蓋骨砌成），一位用皮帶穿過皮肉的獻祭者（發過誓）高吊在太陽柱上。跳舞者伴著舞曲和手鼓的節奏，不停地舞蹈。

舉行這種舞蹈，一般要連跳三天。

北美印第安人，還有很多與農事、狩獵、作戰和娛樂有關的舞蹈。一些部落在公布法規（狩獵法規或地區法規）時，要跳「狗舞」；不少部落跳「野牛舞」（為獵野牛順利）；播種菸草時也要跳舞。易洛魁人在編玉米辮子的時候，邊吹打著樂器，邊跳起舞來。在度過播種節、草莓節、青玉米節、收穫節和楓樹節的時候，人們也都是載歌載舞。婦女在戰士出征歸來時，伴隨著板鼓聲、笛聲、歌聲及各種響器，要跳髮帶頭舞（群舞或獨舞）；平原地區的印第安人，在社交娛樂活動中，流行跳「貓頭鷹舞」（一對對同性

的舞伴，手挽手排成一個大圓圈；有時婦女單獨組成一個大圓圈，男女一律都向左邊跳，待移動到轉彎處再向右轉，這時，每對舞伴還可以自由發揮。這種舞的舞步跨度小，為慢中速）。

太平洋沿岸的印第安人，喜歡跳吃人舞、哀悼舞、回聲舞、酋長舞、面具移交舞、雷公鳥舞等（主要與宗教和維護特權有關）。夸扣特爾人（溫哥華島）的雷公鳥古裝舞，是典型的維護傳統特權內涵的舞蹈。參加舞蹈的人，都要戴著象徵家族傳統特權的各種圖案的面具（一代代傳下來的）。舞蹈有的是表現祖先冒險的故事，有的是表現祖先與神話，或與夢中的人交往的故事。

## ◀ 戲曲 ▶

太平洋印第安人的酋長議事會上，都要表演戲曲。它除了娛樂功能以外，還能夠提高個人的威信（如果哪個人表演了動物或神話中的人物，這人就立刻提高了威信）。如：有一齣馴鹿的戲曲，如果有誰能在宴會上扮演馴鹿，他就能穿上長袍，並從叔叔那裡繼承貴族的稱號。

馴鹿是一齣兩幕戲，第一幕，客人在宴會上歡聚時，突然聽到槍聲，一隻馴鹿，突然從森林中跳出來，向後門

走去，接著又出現了兩個獵人，緊隨其後追擊而去；第二幕，客人們正在聚會，馴鹿驀地從窗外跳入，走到客人們的中間，卻又忽然消失了。演出後，馴鹿的扮演者，便受到眾人的景仰。

演出宗教戲曲時，大多是在夜晚。大廳中燃起篝火，隨著火光的漸暗，一隻狼（演員扮演），大聲地吼叫著出現在眾人面前，並圍繞著大廳遊走著（代表著一種圖騰、超自然力量）。這時一些動物（用繩子控制的木雕），奇異地從屋頂上走下，又在祕密的地下門裡消失。觀眾覺得恐懼並神奇，目不轉睛地盯著它們，感覺到這是一種神的力量，便從心底相信一種超自然的世界真實地存在著。

貝拉庫拉人的戲曲，表現的是一種超自然的力量。戲曲的開始，是在場地的中間先放置好一個木偶，它代表著自然母親。她的前面是火，一個精靈（演員伴演的）圍著火跳舞。它消失後，場上是一片被北風摧殘的灌木（一些矮小的演員扮演）。在春風的吹拂中，各種植物開始復甦、生長，柳樹吐出了嫩芽，粟、草、木棉、白楊……（演員扮演），都開始發芽，展示了春天的到來。這種戲曲，雖然有些簡單、粗糙，卻充滿了純正，展現著人們對真、善、美的嚮往，表現出了印第安人最初的道德標準。

##  裝飾

　　北美印第安人創造的造型、繪畫、雕刻藝術，充分體現了他們獨具匠心。

　　大草原上的印第安人，已經有了很高的裝飾藝術。他們用豪豬鬃或小玻璃珠，在皮上繡花，或者繪滿圖畫。繡花和繪畫，通常是幾何圖形，每一個圖案，都有著特定的名稱和意義；在整體的結構上，也表現出一種象徵或情節，大多表現的是軍事內容。人們在鹿皮鞋上刺繡（描繪穿鞋者的軍功），在菸斗盒和菸袋上刺繡，在帳篷和衣服上都畫滿寫實圖形。

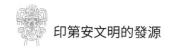

# 北美洲印第安人的手工藝

## ◀ 易洛魁人的手工藝 ▶

易洛魁人有製陶藝術,他們煮食物用的土罐和烤麵餅用的陶盤上,都雕有螺旋花紋。陶土製成的菸斗上,除了雕有幾何圖形,還雕有一些極小的人或獸的腦袋。

哈恩人(居住在育空河流域)把羽毛染上色彩後,用來裝飾衣服,編制幾何圖形的籃子,把動物油脂混合赭石繪畫,還用泥作畫;圖瓊人用黑、赭、紅三色在木器上作畫,把羊骨頭雕刻成湯匙,他們的繪畫具有很強的象徵意義。

## ◀ 那發和族人的手工藝 ▶

以手工業著稱的那發和族(居住在美國亞利桑那、猶他州、新墨西哥)印第安人,有著很高的編織技藝,他們編織的圓筐子能盛水而不漏(塗一種油),織造出各式各樣的花毯,打製出各種銀製品(耳環、項圈、衣服上的裝飾品)。

## ◀ 帕布羅人的手工藝 ▶

帕布羅人的陶器和編織品，都堪稱精美的藝術品。各式各樣的陶器上，都塗有華麗的顏色。他們編制的盤子，都非常精美。

西北美一帶印第安人打製的石器、箭鏃。由此可看出，美洲大陸原住民雙手靈巧。骨制的魚鉤可能是用來捕獵鯨魚的，石鳥則作砝碼用。

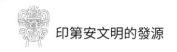 

# 中美洲的印第安文明

## ◀ 馬雅文明 ▶

馬雅人被稱作「美洲的希臘人」，被譽為印第文化的搖籃和典型代表。馬雅人生活在中美洲一條狹長的南北美洲的陸橋上，以崇高的智慧，為人類留下了驚人的預言、奇妙的文字、準確的曆法和宏偉的建築，謎一般在歷史的深處閃爍著光芒。

馬雅文明的神祕是因為人們對它知之甚少。自從 16 世紀西班牙征服者把它摧毀後，它便只能掩埋在叢林之中、泥土之下。熱帶雨林瘋長的草本吞噬了一度繁榮昌盛的城市，這是綠色的滄海桑田。當 300 年之後 19 世紀的旅行家們將信將疑地踏進這片綠色海洋時，馬雅文明已成傳說了。

我們今天已經十分了解的古代馬雅儲存最好的遺址提卡爾城，在西元 1848 年時還一無所知。當年有個探險者苦苦尋找這座傳說中的神奇城市，結果無功而返；直到 1956 年，美國 100 多名考古專家經瓜地馬拉政府同意前往考察發掘，這座 130 平方公里的古代馬雅城市才重見天

日。經過長達 14 年的艱苦發掘，清理了五百多座建築，成噸的文物，才從逝去的往昔找回一座神奇的城市。考古學家住在棕櫚茅屋、睡吊床、吃馬雅人的食物（玉米小餅、豆類），從馬雅先民設計建造的水庫裡汲水，用斧子、短刀砍去樹枝，清理場地，然後觀察、攝影，為那些依然完好的金字塔、祭壇和道路繪製圖樣，並把所發現的物品進行登記。光是在城市中心區就有大型金字塔 10 幾座，小型神廟 50 幾座。這座城市從西元前 6 世紀起就建有金字塔壇廟建築群，延續的時間長達 1,600 ～ 1,700 年，直到 10 世紀才因某種緣故突然由盛而衰，變成廢墟。這座典型的馬雅城市在 8 世紀時至少有 4 萬多人，按照文物學家的某種定義，人口達到 5,000 就算文明城市的指標之一了。當時的提卡爾居民有著複雜的社會關係，這從家庭住宅的占地、形式等方面可以得到說明。遺址中發現的文物種類繁多，包括西元前 6 世紀使用過的煤塊！包括馬雅人最先用於宗教目的而後成為近代橡膠工業技術靈感的樹膠！還包括來自太平洋和大西洋的貝殼以及貝殼包藏起來的墨西哥綠寶石這樣的貢物、珍寶！還包括古代馬雅社會生活、生產勞動、藝術創造等實物證據 —— 石器製造匠、陶器生產者和雕刻藝術家的石刻人像……像這樣的城市在馬雅地區還發

現了百座以上。

　　古馬雅先民是真實存在過的一群人！他們用自己的智慧和血汗，創造出既現實又神奇的生活樣態。他們不是蠻夷土著，當然也不是外星人，他們是馬雅人！這就是考古學家打破科學與神祕的情結所能給予我們的事實。以這樣的眼光，我們走近馬雅，看到了馬雅先民不朽的智慧！

　　馬雅地區地處中美洲，西臨太平洋，東瀕大西洋的墨西哥灣和加勒比海，北部是突出的猶加敦半島，西北向與東南向分別通過墨西哥和中美諸國的兩條狹窄的陸地與北美洲和南美洲相連。若用現代國家疆域來劃分，那麼馬雅地區包括了墨西哥東南部及猶加敦半島上的幾個州、半島東南部的貝里斯（英屬宏都拉斯）、居於馬雅腹地背靠太平洋的瓜地馬拉、通往中南美洲走廊上的宏都拉斯。這一地區總面積 125,000 平方英里，也就是約 32 萬平方公里。在尼加拉瓜中北部地區，發現了 6 座隱藏在鬱鬱蔥蔥、叢林覆蓋裡的馬雅金字塔。這個金字塔群排列呈字母「L」形，其中最大的金字塔長 53 公尺，寬 32 公尺，高 4.5 公尺。帕倫克古城建築上曾塗有紅色的灰墁，上面的裝飾則被塗成鮮豔的黃、藍、綠色。整座建築色彩斑斕、令人目眩。如果這個金字塔群確實屬於古老的馬雅文化，那麼尼加拉

瓜的歷史也要被改寫。從發現金字塔群的聖拉斐爾地區
（馬拿瓜東北250公里處）到以往認定的馬雅文化東界——
宏都拉斯的科潘遺址，有大約400多公里，這就使馬雅地
區擴大了許多。但是，嚴格地說，中美洲各文化呈交錯的
態勢。馬雅文化在馬雅地區西南也有著一條狹長地帶是與
墨西哥文化共享。並不能因此而擴大馬雅地區的疆界。這
裡最困難的是，並不能把文獻與考古證據完全結合。這一
地區的各個組成，在文獻資料上並不多，即使是在西班牙
人統治時期，關於偏遠地區的資訊也非常貧乏。

而要找到西班牙人來之前的資料就更困難了，許多反
映在歷史文獻中的特有的馬雅文化特色，並不容易在考古
中得到揭示。

無論如何，古代中美洲從未有現代國家那種嚴格劃分
的疆界，邊疆地帶的變遷是漸進式的而不是整齊劃一，因
此是很多存在差異的文化源頭聚集在一起，這就是「文化
馬賽克」（cultural mosaic）。

從歷史的角度看，沒有任何理由可以假設中美洲的馬
雅文明與其鄰居之間有著一成不變的邊界。相反，種種跡
象都表明：它們在時間長河中經歷了持續不斷而又無比巨
大的改變。無論政治還是經濟和社會甚至氣候和環境，都

發生了許多變化。

我們今天所說的馬雅地區，大致可以按地形、氣候、植被的不同，劃分為三大塊，由南向北依次是高地、低地和平原。

在墨西哥和中美洲，像這樣被人遺忘的遺址還有上百處。它們靜靜的矗立，等待著世人的發掘、探究。高地：由沿太平洋的高山組成，地處今天的瓜地馬拉，海拔高處較為寒冷，覆蓋著松樹。現在還居住著近 200 萬馬雅遺民，據說在四五千年前就產生了最早的馬雅農業文明；低地：是以佩滕伊察湖為中心的流域盆地，也包括一些周邊谷地，南部是一大片草地。在雨季，許多湖泊可以連成一片。在盆地外谷地的山坡上森林茂密，有著古代馬雅人的城市；這一帶物產豐富，幾乎可以找到所有中美洲作物和野生動植物。整個地區溫暖溼潤，雨季較長，旱季降水也不少。石灰岩是較好的建築材料，另外還產花崗岩。可以說，古馬雅巨石建築的三個必備條件（石器和木質、纖維等建築工具，石灰，做沙漿用的礫石）在這一地區都具備。最早的馬雅建築群烏夏克吞城在此發現，這裡是馬雅文明古典時期的中心。平原：由南向北逐漸變成平原，高大的樹木變成低矮的灌木叢。腐殖土較淺，到處可見裸露

的天然石灰石，地表水極少，幾乎沒有湖泊、河流，氣候非常乾旱。馬雅後古典時期文明中心，如：奇琴伊察城，依靠天然蓄水穴井。這一大片地區大約 5 世紀才開始從東部移來馬雅文明，繁盛期約在 10 至 14 世紀。

馬雅地區的自然地理環境異常豐富多彩，從熱帶叢林到靠近沙漠的谷地到寒松覆蓋的高地，無所不有。如果更貼近觀察，那麼，即使是乍看無法打破的低地叢林地帶，也還是能夠分解為氣候、植物和動物不盡相同的碎片。

這樣的自然生態給馬雅文明帶來了許多生存和發展的課題。馬雅先民適應自然、利用自然的結果，就是創造出了多姿多彩、不同凡響的馬雅文明。

既然馬雅地區並不能十分嚴格地確定，那麼，它的主人呢？誰是馬雅人？雕刻、繪畫中，馬雅人都有著誇張的面部特徵：扁平額頭、鷹鉤鼻、厚厚的嘴唇。今天的馬雅遺民雖說也略有這些特徵，但不那麼鮮明。他們是相貌不錯的蒙古人種，但與他們的中美洲鄰居並沒有太多的生物學差異。所以，沒有必要去研究身高、肩寬、臂長、血型之類的數據，在這些方面得不到明確的「血統證書」。

馬雅人是按照語言來定義的。在今天，仍有數百萬人說著他們祖先的語言。儘管馬雅語族系眾多，這是多樣的

地理環境使他們分處各地導致方言變異的結果，但是統一的馬雅語族無疑是他們最好的紐帶。說馬雅語的人可能用來表示馬雅曆法中各個月份的象形文字。正是這一地區最早的定居者，身為真正的主人，他們在這塊領地上留下了數千年文明遺蹟。從文化的統一性來看，沒有任何證據表明曾有其他民族控制這一地區。即使是 16 世紀西班牙人征服以後，除了少量殖民據點之外，將近 500 年的殖民也未能改變這一事實：說馬雅語的人民占據著這塊土地的大部分地區，這一群馬雅人從古到今都在這裡繁衍生息，他們的語言和文化都保持了相當程度的穩定性。

在馬雅地區的西界，原墨西哥阿茲提克文化地區，早就被大西洋對岸來的歐洲「文明人」給「文明化」了。在馬雅地區的東界，今宏都拉斯以東的地區，當地文化也沒能像馬雅人那樣較成功地抵擋住歐洲人的文化衝擊。馬雅人儘管在政治版圖上從屬於殖民統治（他們的文化傳統中，比較缺少國家疆域概念，較能容忍外來人建立互不相擾的殖民「飛地」，從前他們各部族間就是這樣），但是，在文化上相當頑強地保留自己的傳統，從語言到宗教。除了城市被毀壞以及無法抗拒的軍事壓力下的經卷被焚、祭司被殺以外，留在他們頭腦中的傳統觀念，留在他們唇齒間的

語言、傳說，都與他們民族的生命一同延續。

今天，假如我們走進西班牙人強制推行天主教而到處建立的教堂裡，我們將會經常看到這樣的場面：天主教牧師冷清清地坐在他的講壇邊，而馬雅「教民們」卻熱鬧地在另一邊焚香禱告，默唸他們世世代代信奉的天神、雨神、羽蛇神等等神靈的聖名，一派「異教徒」色彩！這就是有著悠久文化傳統、輝煌古代文明的馬雅人。

人們發現馬雅文明和其他墨西哥各地古代文明之間有許多共同之處，於是學者們猜測，可能有一個更古老的文明，是馬雅和這些墨西哥文明的共同淵源。與馬雅的許多大型建築一樣，烏斯瑪爾的術士金字塔還有著深邃的天文學意義。其實馬雅先民在這裡已經至少有三四千年的文明史了。今天我們所說的中美洲所有古文化的共同源頭歐美克文明，其實就是馬雅文明在較早階段的代稱。歐美克在西元前 1150 年已達到相當高的水準。墨西哥民間有一個古老的傳說：遠古時代的密林裡生活著拉文塔族，他們居住在仙境般的美麗城市裡，有著高度發達的文明。1938 年，有人意外地在傳說中的拉文塔族森林裡，發現了 11 顆巨石頭像，最重的達 20 噸，學者們發現了拉文塔和特雷斯‧薩波特斯兩處重要遺址，中美文明的「老祖母」出場了。然而

直到 20 多年後，隨著又一處重要遺址 —— 聖洛倫佐被發現，歐美克文明才最終被學術界確定。

夸察夸爾科斯河注入墨西哥灣的地方，就是傳說中歐美克人的家鄉，那裡水草豐美、河流眾多。歐美克的意思是「橡膠之鄉」，因為此地盛產橡膠。歐美克文明於西元前 1300 年前後產生於墨西哥灣沿海地區，是墨西哥最早出現的高等文明，被學術界公認中美洲「文化之母」。西元前 900 年～前 400 年，在墨西哥灣畔這片潮溼、低窪、多雨的沼澤地上，在拉文塔的核心，5 平方公里的高大土臺矗立著一座座神廟、祭臺……而美洲最有特色的神廟形式這時也已出現 —— 10 層樓高的塔狀高臺頂端，雄踞著一座壯麗的神殿，整個建築看起來像座金字塔。比起神廟，拉文塔的巨石頭像更令人稱奇，這些高達 1.8 公尺的頭像都用整塊玄武岩雕鑿而成，嘴唇肥厚，鼻子扁平，扁桃形的大眼睛深邃冷漠，頭上戴頂古怪的頭盔。這些頭像的面部特徵與中美洲的印第安人一點也不像，倒是像非洲的黑人。這種巨石頭像是歐美克文明在流傳下來的古抄本中，金星（晚星）正準備斬一個俘虜的頭，表明這是適宜祭祀或發動戰爭的日子。最典型的象徵，也是美洲最早的紀念性雕刻，被稱為歐美克頭像。喜歡用翡翠綠玉做各種珍貴的

禮器、宗教用具和裝飾品，是歐美克文明的又一特色。玉雕中最常見的是一個帶有美洲虎頭部特徵的神像，美洲虎是當地最兇猛的動物，被歐美克人視為世界的主宰。歐美克文明開創的各種傳統都被中美洲各文明繼承下來。從神權政治、金字塔神廟、紀念碑和祭臺，到象形文字、曆法系統、美洲虎崇拜和活人獻祭，這一切構成了中美洲古代文化的基礎。甚至他們創造的橡膠球死亡遊戲，以及他們對玉石、可可豆和奎特查爾鳳鳥的喜愛，也都被其他印第安民族接受和繼承下來。西元前 300 年左右，歐美克文明衰落中斷，然而文明的火炬並未就此熄滅，它被其他民族記住，繼續照耀著中美大陸的叢林。當歐美克的餘暉漸漸消失在馬雅文明的光環之中，他們的文明成果直接由馬雅文明和阿茲提克文明接續下去。馬雅時代來臨了。其實，創造這一地區偉大文明的先民們，並不知道自己在今天被叫作「馬雅人」。馬雅這個稱謂乃是近 500 年的產物。10 世紀以後，猶加敦半島上有三個強大的城邦，其中之一叫馬雅潘，它曾一度成為猶加敦北部最具政治主導力的中心。在 12 至 14 世紀它的黃金時代之後，正巧來了西班牙人。是西班牙人把這個城邦的威名加在整個馬雅地區頭上，這才有了馬雅地區、馬雅民族、馬雅文明的講法。所以，這

一地區的一切文明成果都可以叫作「馬雅文明」。而有時候，人們把歐美克人和馬雅人作了過多區分；甚至有時只把西元 3 至 9 世紀瓜地馬拉低地的古典文明視作「真正的」馬雅文明，把這一地帶文明的衰落和轉移稱作「馬雅文明消失」。

馬雅是一個強大的帝國，整個馬雅坐落在奇琴伊察的卡拉科爾觀象臺。這座令人仰止的建築，一度遭到考古學家質疑：他們認為這是一座獻給風神的神廟。地區分成數以百計的城邦，然而馬雅各邦在語言文字、宗教信仰、習俗傳統上卻屬於同一個文化圈。通常，馬雅文明被劃分為 3 個時期，一般說，馬雅文明經歷了幾個不同的階段，每個階段在馬雅地區裡有明顯不同的地理分布，大致是由南向北遷移。西元前 1000 年或可上溯至 3,000 年前，直到西元 3 世紀，這是馬雅文明的形成期；西元 3 世紀至西元 9 世紀末，是馬雅文明的古典期（又稱古王國時期），這是一個全盛期，主要集中在中部低地，在巔峰階段突然衰落；西元 10 世紀至 16 世紀初，後古典期（又稱新王國時期），集中在猶加敦北部平原，因西班牙人入侵而中斷；16 世紀後就是殖民統治時期，馬雅文化受到嚴重摧殘，馬雅民族大部分避遷偏遠地帶。對我們今天來說，馬雅人又是哪些

人呢？根據語言族系和地理分布，大致分為以下幾部分：
①猶加敦馬雅人，居住在墨西哥的猶加敦半島，並推進到
貝里斯北部和瓜地馬拉東北部；②拉坎冬人，人數很少，
居處在墨西哥南部烏蘇馬辛塔河與瓜地馬拉之間的邊境地
區，一小部分居住在瓜地馬拉和貝里斯；③基切人，居住
在瓜地馬拉東部和中部高地；④瑪姆民族，居住在瓜地馬
拉西部高地；⑤坎霍瓦爾民族，居住在瓜地馬拉韋韋特南
戈省及相鄰的墨西哥地區；⑥佐齊爾和策爾塔爾民族，居
住在墨西哥南部恰帕斯州；⑦喬爾民族，包括恰帕斯州北
部和塔巴斯科州的瓊塔爾人和喬爾人以及瓜地馬拉東端的
喬爾蒂人；⑧瓦斯特克人，居住在墨西哥維拉克魯茲州北
部及其相鄰的聖路易波托西州。這是我們今天還能見到的
馬雅遺民。在拉美文化一體化的巨大壓力之下，但願他們
能夠長久地生存延續下去，成為他們光榮祖先的見證人。

　羽蛇石雕表現了當時馬雅人的精神信仰。西元 1502
年，哥倫布最後一次遠航美洲，距離他第一次發現「新大
陸」恰好 10 年。船在宏都拉斯灣靠岸，在當地的市場上，
一種製造精美的陶盆吸引住哥倫布的目光，賣主告訴他，
這漂亮的陶盆來自「馬雅」。這個神奇的名字，第一次傳入
了歐洲人的耳朵。差不多又過了 10 年，一艘海船從巴拿

馬前往聖多明各，途中遭遇海難沉沒，12 個倖存者登陸猶
加敦半島。兩週之後，他們與馬雅人不期而遇，其中 5 人
成為馬雅人祭壇上的犧牲品。逃脫的倖存者回到了西班牙
占領區，心有餘悸地講述著他們的歷險。歐洲人與馬雅人
的首次相遇，就這樣定格成為歷史的畫面。西元 1519 年，
西班牙探險家（強盜）率領西班牙軍隊橫掃墨西哥，征服
正處於文明鼎盛時期的阿茲提克帝國，剷除了一個文化，
如同路人隨手摺下路邊的一朵向日葵。此時，馬雅文明已
近尾聲，但在猶加敦半島上，還殘存著一些馬雅小邦。西
元 1526 年，一支西班牙探險隊（土匪隊）試圖用暴力建立
西班牙殖民地，並強制推行基督教信仰。不肯屈服的馬雅
人展開了長達百餘年的游擊戰，直到西元 1697 年，最後一
個馬雅城邦在西班牙人的炮火中灰飛煙滅。16 世紀的歐洲
人，雙眼被無知、偏見和貪婪所矇蔽，除了閃閃發光的金
子，他們什麼也看不到。在狹隘的宗教感情的驅使下，入
侵者四處蒐羅歷史文物，然後燒掉，用這種野蠻無比的方
式，有系統地消滅「異教」文化，西元 1562 年 7 月，西班
牙神父迪亞哥·德·蘭達（Diego de Landa Calderón）親手
燒燬了成千上萬的馬雅古籍抄本、故事畫冊和書寫在鹿皮
上的象形文字書卷。此外，他還砸碎了無數神像和祭壇。

燦爛神奇的馬雅文明沉落在幽黑的歷史深處，從此之後世人失去了一個偉大文明。只有三部馬雅手抄本，由於流落國外，僥倖逃脫厄運。這也許是古老的馬雅不甘沉寂，而留給世人的最後一眼吧。16世紀殖民征服的烽煙漸漸平息之後，古代馬雅和其他的印第安文明被世人完全遺忘了。此後的200年間，自居為美洲新主人的歐洲人一面大肆宣揚「印第安人無文明」的謊言，一面又把自己毀滅文明的殖民罪行美其名曰為「履行文明傳播的使命」。直到18世紀末，由於啟蒙運動的開展，西方人才又對200年來他們視而不見的美洲文明產生興趣。馬雅沉睡的密林深處迴盪起陌生人的腳步，旅行者到這裡尋找傳說中的神奇和美麗，來這裡追懷一個杳然的世界，而考古學家想要尋回一段失落的文明。

　　從南到北，一個個偉大文明的遺蹟不斷被發現：帕倫克、科潘、提卡爾……一座座舉世皆驚的千年古城被喚醒；20層樓高的金字塔、遍飾精美浮雕的巨石祭壇，觀測天體執行的天文臺……一處處不可思議的宏偉建築屏住整個世界的呼吸。近兩個世紀的馬雅考古成就斐然，雖仍有無數迷團，但失落的馬雅世界，終於被一點一滴地尋回。現在我們知道，馬雅是一個地區，一支民族和一種文明，分布

在今墨西哥的猶加敦半島、瓜地馬拉、貝里斯、宏都拉斯和薩爾瓦多西部、最北為北緯 22 度,最南達北緯 14 度,全部屬於熱帶。在中部和南部滿是茂密的熱帶雨林,北部猶加敦半島則十分乾旱,灌木叢生,幾乎沒有地表水。馬雅的高度文明突然而來、倏然而去,除了那些發掘出的珍寶,對這個文明,我們知道的並不比它尚未發現時更多。

四大古代文明都在大河流域孕育滋長:埃及有尼羅河,中國有黃河和長江,印度有恆河與印度河,巴比倫有幼發拉底河和底格里斯河;馬雅文明卻非起源於大河平原,而是崛起在貧瘠的火山高地和茂密的熱帶雨林之中。大自然對馬雅人是如此苛刻,為了生存他們要與瘋長的熱帶叢林爭奪土地和空間。他們沒有金屬工具,沒有牛馬豬羊,沒有輪車,生產力只停留在石器時代,卻培育出了如此耀眼的世界文明。

然而,在西元 10 世紀,馬雅人創造了高度發達的馬雅文明,卻突然又神祕地消亡了,為人類留下了一個千古之謎。為此,學者們從各個角度,對馬雅文明的消亡進行了各種猜測和推理:一種說法是,馬雅後期,人口的增長和矛盾加劇,海上貿易通道的開通,造成了外部民族的入侵;有的人認為,儀式中心的城市人口、特別是人口的激增,

造成了糧食的短缺，導致了馬雅文明的衰敗；也有的人認為，人口的增加導致在高地墾荒毀壞了山下農田，生態環境的嚴重破壞使農業衰敗，導致了馬雅文明的衰亡；有學者認為農民起義或是提奧提瓦坎人的入侵，造成了馬雅文明的瓦解；近年來，有學者提出，小行星撞擊地球，是造成馬雅文明毀滅的原因。

總之，馬雅的後期，在文明發達的同時，道德墜落，宗教信仰對人心失去了力量，馬雅人開始喜好暴力，大量地屠殺俘虜，內部和外部矛盾激化；同時，濫伐森林、土地流失、人口激增、生態環境遭到了嚴重的破壞。我們應該從中受到啟示，人類共同擁有一個地球，這地球在茫茫的宇宙中是何等的渺小。

## ◀ 馬雅人的農業 ▶

新生命的誕生往往伴隨著痛苦。這句話，已經成為馬雅人的一句經典格言。這句格言誕生於一種植物 —— 龍舌蘭。馬雅人認為，是龍舌蘭草，給了馬雅人智慧和啟迪。

龍舌蘭草的故事，在馬雅人中世代留傳。傳說在西元10世紀，強大的首領庫庫爾坎，攻下了奇琴伊察城，並在那建立了盛大的都城。有一天，庫庫爾坎帶著人出城採

藥，看到野地裡長著很多像利劍般的植物 —— 龍舌蘭，庫庫爾坎一不小心，便被龍舌蘭的刺扎了一下，頓時疼痛難忍，他怒不可遏，便命令士兵拿鞭子狠狠地抽打這種龍舌蘭草，不料這種草越抽打越是不斷，反而越打越白，越打越柔韌，竟抽打出了雪白的纖維。從此，龍舌蘭草點燃了馬雅人的聰明和智慧。他們開始利用這種植物，把龍舌蘭草抽打成纖維，再用纖維編成繩子，竟然能夠拖運巨石和各種沉重的建築材料。

馬雅人的智慧被開啟了，他們開始進行對植物的培植，光玉米就培育了十幾個品種：有只需要 3 個月就成熟的「女孩玉米」，還有長達 6 個月到 7 個月才能成熟的「老婦玉米」，也有 60 天不到就能夠收穫的品種「雞啼玉米」。他們還培育出了豆子、南瓜、辣椒、番茄、可可、菸草、棉花、藍靛、香蘭草等多樣的農作物。

馬雅人種植玉米，累積了很多寶貴的經驗。在玉米長成以後，為了防止玉米粒被鳥啄食，他們將玉米杆壓彎。他們戶戶在屋裡都設有糧倉，也有的在外面搭建起高大的糧倉，專門用來儲藏儲存玉米等穀物。他們把將粒飽滿、成實碩大的穗棒，連葉子一起儲存起來，留做玉米的種子。

　　每年到了 11 月至 5 月期間，中美洲一帶進入了旱季，少雨的天氣，馬雅人開始了他們拓荒開地的季節。他們帶著用石頭磨成的石斧，成群結隊地走進森林。他們在森林裡放起大火，讓熊熊的大火燒盡森林裡的雜草和藤蔓，以及茂密的樹木，然後清除大火後的殘木，便漸漸拓開出大片的田地來。這時候，雨季隨著六月的到來已經來臨，馬雅人也開始了播種的季節。他們先用石刀、石斧把長木棒削尖，在燒黑的土地上，用尖木棒戳出一個個小坑，戳成棋盤狀的一片片，再把每個坑中都點進幾粒種子，用腳把土覆上，輕輕踩勻，便等待著雨水的降臨。

　　舊的土地隨著連年的耕種，地力已經不足了，收成也開始下降，便需要不斷地開墾新的土地，馬雅人也就隨著土地的轉移而遷移。

　　馬雅人逐漸地學會了飼養狗，飼養從森林裡捕來的火雞。他們還逐漸地學會了養蜂，他們用木頭鑿出木槽，做成蜂箱，在蜂箱的旁邊鑽出小洞，供蜜蜂爬進去。

　　狩獵和漁業，仍然是馬雅的男人們的主要勞動。他們要在規定的季節裡進行狩獵活動，舉辦一年一度大型熱鬧的「獵人節」。「獵人節」的到來，代表著狩獵季節的正式開始。他們便成群結隊地走進森林，在森林中追逐野獸，

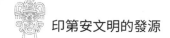

捕獵那些兔子、火雞、鹿、貘、犺狳等。他們把捕捉到的
火雞，除了宰殺食肉外，也慢慢地開始飼養。

馬雅人發明了弓箭和長矛，分別用於遠射和近刺，他
們還發明了一種汽槍，用泥做成子彈，去射擊天空中的飛
鳥；他們在野獸經常出沒的路上，挖置大坑，經過巧妙的
偽裝後做成陷阱。

馬雅人生活的地域，是中美洲狹長的陸地，幾面環
海，魚已經成為他們重要的副食品。對於捕魚，他們已經
累積了很多的經驗，在捕魚的過程中，他們發明了網，用
漁網捕撈；還製造了魚叉，用來叉魚；用餌垂釣，也是一
種較為普遍、靈活的一種方法，捕魚成為馬雅人一種重要
的生活方式。

## ◖ 馬雅人的手工藝馬雅陶器 ◗

馬雅人已經製造出了精緻的手工藝品，他們是印第安
人手工業傑出的代表。他們用黏土燒製出陶器，用木材製
造出各種木器，用燧石和黑曜石打製成武器和一些工具，
他們還用多種石頭穿鑿、磨製出各式各樣的器皿。

他們還製造出了很多的珠寶首飾，雕刻出很多神像，
和一些小的雕像。貴族死後，都要用許多的陶俑、陶獸、

以及一些耳環、手鐲等首飾陪葬。他們還學會了種植棉花，用棉花製成各種紡織品；還飼養羊，用羊毛織成各種毛紡品。

馬雅人已經能夠製造船隻，用木頭造成木船，並且發明船帆，作為重要的水上交通運輸工具，運輸人和貨物。他們已經能夠製造很大的木船，最大的能夠裝下 40 個人。

## 有動物造型的鐙形容器

手工業的發展，使馬雅人開始了商業貿易，他們把紡織的布匹、石鹽，甚至一些奴隸，販運到很多的地方，換取當地人用作貨幣的可可和石珠，然後再買回更為珍貴的珠子，或者是便宜的奴隸。馬雅人發明自己的貨幣 —— 紅貝殼，開始在熱鬧的集市上流通起來。熱鬧的集市，成了他們的貿易場所，玉米和各種穀物，也出現在繁榮的集市上。集市的規模越來越大，形成了較大的市場。在市場四周，又出現了客棧，以供前來交易的人食宿歇息。市場的貿易，使交易中出現了債務，那時候人們的道德很高，借債還債，都很講信用。馬雅人留下了很多的神話和傳說，還有寓言、戲劇等。最重要的神話傳說是《波波爾——烏》(Popol Vuh)（又名《會議書》或《公社書》或《基切民族

書》），這部傳說一直儲存在神廟裡，後來被大火焚燬了。
16 世紀中葉，一位沒有留下名字的作家，重新整理並在民
間留傳。18 世紀初，西班牙的傳教士弗朗西斯科·希梅涅
斯（Francisco Cisneros），發現了這部神話之書，便向印第
安人借來抄錄，並翻譯成西班牙文，使得這部書開始公諸
於世。馬雅及許多神話的毀滅都與洪水密切相連，這些都
表現了人類對自身生命脆弱的無奈。

　　《波波爾 —— 烏》講述的是一個神創造世界、創造人
的神話故事，也敘述了基切部落興起的英雄傳說，以及他
們的歷代統治者。故事講述的是，在開天闢地之後，造物
主來到了這個世界上，他用木頭造出了人，也給了木頭生
存的環境。木頭有了人的形狀，能發出人的聲音，他們居
住在地上，開始生兒育女，但是他們沒有頭腦，也沒有靈
魂。後來，在漫長的時間裡，他們慢慢地忘記了他們的造
物主，忘記了神，漸漸地失去了上天對他們的恩寵。再後
來，他們能夠開口說話了，臉上卻是毫無表情，雙頰乾
癟，渾身無力，手腳軟弱，身體裡沒有血液，沒有肌肉，
也沒有水分。這就是生活在地上的第一批人類。後來，造
物主慈悲他們，又用木頭造了男人的肌肉，用燈芯草製成
了女人的肌肉，地面上開始有了男女。

眾神之王柯穆‧卡門普斯，是一切神祇的創造者，他的兩個得力助手：怒神勞和智神斯凱爾均是各霸一方。

怒神勞居住在聖湖上，統治著那裡的眾神，其中一位出類拔萃的是大力神拉克，他擁有一雙無堅不摧、長而有力的巨臂，常年生活在湖水之中，看守聖湖。他一伸手就可以觸碰到聖湖四周聳立的山岩，只要他願意，他可以把任何一位膽敢窺視聖湖者拖入湖底，成為他的點心。

勞經常變成各種猛禽惡獸出湖遊玩，湖畔的巨谷附近，有一塊平坦開闊的原野，那裡就是他們遊玩嬉戲的地方。

智神斯凱爾則是住在沼澤地王國，當他的屬下想從泥沼中出來到陸地遊逛時，就會變成羚羊、駝鹿、狐狸、郊狼、禿鷹、山鷹和鴿子的模樣。

多年來，勞和斯凱爾都能和睦相處，相安無事，時常在原野上玩耍。有一次，他們因智勇問題引起了一場糾紛。眾神們也都爭吵不休，打得死去活來。許多年過去，依然難分勝負。

經過無數次的戰役，斯凱爾終於無法抵禦居高臨下的怒神的攻擊，遭到滅頂之災。斯凱爾被他的敵人挖出了心臟。陶醉在勝利的喜悅之中的勞及其眾神決定舉行盛大宴會和競技賽。

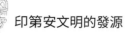
　　他們邀請各路神祇前來慶賀。斯凱爾的屬下眾神自然也不例外。歡慶日的那天，勞宣布競技活動的第一項是賽球，球就是從斯凱爾身上挖出的心臟。

　　斯凱爾的屬下心裡都知道，只要將心臟放回他們首領的身軀之中，他就會死而復生。於是，他們暗地裡商議，要把斯凱爾的心臟奪回來，放到他的身軀裡去。諸神躲了起來。駝鹿躲的地方離球賽現場最近，因為他最拿手的是跳躍。羚羊站在林子邊，因為他的腿長，跑得最快。其他各獸，都守在斯凱爾身軀不遠的地方。斯凱爾諸神以逸待勞，占據了整個山坡。

　　此刻，勞和他屬下諸神圍成了一個大圈，拋斯凱爾的心臟，每當他們拋球的時候，斯凱爾諸神都要起鬨，嘲弄勞一番。

　　「你們就沒有本事拋得再高些嗎？」狐狸每次都這樣喊，「連小孩子都拋得比你們高。」

　　於是，勞的屬下諸神一次比一次拋得更高，斯凱爾諸神仍然起鬨。

　　勞終於把球搶到手，使出渾身力氣往上拋。

　　躲在近處的鹿等待的就是這個時機。他抓起斯凱爾的心臟，順著山坡往下跑去。勞的屬下呼喊著，向鹿跑過

去，他們哪裡追得上鹿呢？

鹿跑累了，把心轉交給等著他的羚羊。羚羊繼續往前跑。勞窮追不捨，羚羊把心交給郊狼。狼再傳給禿鷹，禿鷹又交給了山鷹，山鷹又交給了鴿子。

鴿子帶著心臟飛到斯凱爾身軀停放的地方，把心安放在他的身軀之中。斯凱爾復活了，重新率領部屬和勞開戰。

戰事又重新開始了。在廝殺之中，勞戰敗身亡。斯凱爾諸神把勞的屍體抬到湖邊那高聳的巨石上。為了不讓勞死而復生，斯凱爾命令諸神把勞的屍體剁成碎塊，然後扔給聖湖裡的拉克及其精靈，還騙他們說：

「這是斯凱爾的腳！」

「這是斯凱爾的手！」

屍體被一塊塊地扔進湖裡，讓拉克和他的精靈們美餐了一頓。

他就這樣戰勝了對手，拯救了自己的生命，並在大神的幫助下，平息拉克的憤怒。

勞的諸神得知湖裡的那個頭顱就是他們的首領勞之後，就再也沒去動他，如今他還露在湖面上。勞的幽靈仍

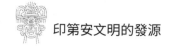

然注視著湖面。

　　有時候，當地面和水裡的諸神都睡著了，勞就會跳入湖中中，盡情地發洩著自己的怒氣，拍擊湖水，掀起巨浪。在狂風呼嘯中，仍能聽到他那悲憤的聲音。

## ◀ 雷鳥的傳說 ▶

　　雷鳥是一隻巨鳥，他的翅膀有一隻獨木舟的槳那麼長。當他振翅高飛時，就會風雷乍起。他的眼皮翕張之間，會放出萬道閃電。

　　他棲息在洞穴裡，從不讓任何人走近他的住所。如果有獵人走近他的聖地，他一聞到人的氣息，就會發出隆隆的雷聲，從裡面丟擲巨大的冰塊。這些冰塊沿著山坡滾動，撞擊在懸崖峭壁上，變成無數的冰屑。

　　所有獵人都禁忌雷鳥和巨大的冰塊，因此不敢輕涉雷池一步。

　　雷鳥的食物儲存在一個終年冰雪覆蓋的峰巔上一個黑漆漆的山洞裡。他以鯨魚為食。雷鳥經常飛臨海面，把鯨魚獵回山中充飢。有一次雷鳥和鯨狠狠地打了一仗，致使地動山搖，樹木也被連根拔起，在如今的波勃羅夫大草原上一棵樹木都沒有，那是鯨為了逃生掙扎時留下的痕跡。

雷鳥和鯨的戰爭延續了很長一段時間。他想用尖利的巨爪把鯨抓回山中的洞穴。但鯨總是一次次的逃脫。等到雷鳥再次把它抓住的時候，憤怒的雷鳥一路上雙目放出駭人的閃電，雙翅鼓起可怕的雷鳴，風暴四起，大地震顫不已，許多大樹連根拔起飛上天空。最後，鯨逃回到遙遠的大洋深處，雷鳥才饒過了它。

很早以前，雷鳥的女兒想嫁給一個名叫薩西莫的小子。雷鳥認為他沒有什麼本事，而且門不當戶不對。於是，雷鳥想出幾道難題來考考他。

「你到山上去，」他說，「把五座山頂上的雪拿來。」

薩西莫跑到山上，只帶回一小撮雪，拿給雷鳥看，雷鳥看了，氣得臭罵他一頓……

薩西莫說，「你吃吃看，就會知道這並不少。」

雷鳥吃了半天，那堆雪也不見少。他明白，他占了上風。因此更生氣，一怒之下把剩下的雪摔出門外，結果變成一場大雪覆蓋了所有的房屋和森林。

「你還是把雪拿回去吧。」雷鳥無奈地央求道。

薩西莫收拾好雪，還是那麼一小撮，他把它放回了五個山頂上去。

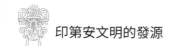

回來後，雷鳥又出了第二道難題。

「你下山去抓兩隻山獅來給我。」

不一會兒，他帶著兩頭山獅從森林裡回來了。他把牠們交給雷鳥。雷鳥正想逗牠們玩，牠們竟然向雷鳥撲了過去，差點把他的羽毛扯下來。

「薩西莫，把牠們都趕回山裡去吧！」雷鳥說。

薩西莫一走到山獅跟前，這兩頭野獸就變得溫馴了，乖乖地跟著他回山裡去了。薩西莫回來時，雷鳥又出了一道難題：「去抓兩隻熊來陪我玩。」

沒多久，薩西莫就帶回來兩個狗熊交給雷鳥。

當雷鳥去逗牠的時候，兩隻狗熊直著後腿站立起來向他猛撲，把雷鳥嚇了一跳，他忘不了山獅給他的教訓，趕忙讓薩西莫把牠們帶走。

薩西莫回家後，雷鳥又對他說：

「走！跟我到森林裡去，幫我把雪松的樹幹劈開。」

雷鳥在樹林裡挑了一根又長又重的圓木，他劈開了一頭，在縫隙裡塞上楔子。然後對薩西莫說：

「你爬到縫隙裡去，把它撐開。」

薩西莫照辦了。誰知薩西莫一爬進縫隙，雷鳥就把楔

子拿出來，把薩西莫夾在樹中間。

「哈！」雷鳥大笑著說，「你還是中了圈套！」

雷鳥心滿意足地離開森林回家去了。誰知，他剛踏進門，就聽到身後撲通一聲巨響，回頭一看一根圓木橫躺在他的身後。

雷鳥絞盡腦汁，最後終於想了一個一舉兩得的難題：

「你到冥國裡。在那裡你會看見一個發光的球，那是冥王的屬下最愛玩的一件寶貝。我要它做聘禮。」

薩西莫來到冥界，看見鬼魂們在玩那個發光球。於是他變成一陣煙，又化成一團霧。鬼魂盯著他不讓他靠近。最後，薩西莫變成一個連鬼魂也看不見的東西，混進鬼魂中，等球滾過來時，就把它抓住，順著通往人間的那條小路跑了起來。

這時，冥國裡，變得一片漆黑，什麼也看不見。鬼魂只好燃起鯨魚膏做成的火把繼續追趕薩西莫。如果雷鳥和他的朋友們不趕來，薩西莫是逃不掉的。

薩西莫來到山下時，雷鳥和他的朋友下起了一場暴雨，把火把澆滅，鬼魂們只好停止追趕。薩西莫回到家中，把放光的小球交給雷鳥。

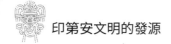

「好樣的!」雷鳥說,「我不為難你了,把女兒嫁給你吧。」

雷鳥把發光的小球剖成小塊分贈給他的朋友們:蜂鳥、啄木鳥,然後把大部分藏在自己的胳肢窩下面。

每當雷鳥振翅飛翔時,我們就能看到亮光。而我們聽到的雷聲,就是他又在罵他的女婿了。

在人類剛剛建立起自己的家園時,狂風暴雨夾雜著從天而降的巨大冰雹一連肆虐了好幾月,許多人因此而喪命。一部分人迫於飢寒和為了逃避部族間為爭奪僅有食物而引發的連年爭戰,不得不背井離鄉,長途跋涉到世界盡頭的這塊高原上來。

冰雹把漿果都凍死了,巨大的冰塊堵塞了所有的河道,無法捕魚,風暴常把獨木舟掀翻,人們餓得精疲力盡,只好以草原上的草根度日,可憐的人們向天上的諸神祈禱,但毫無反應。

最後,那些逃難的首領把自己僅有的族人召集起來。大首領雖然年邁,卻有著超人的智慧。年輕時,他是部落裡最強悍的武士。

「安靜,我的同胞們,」大首領對眾人說,「我們將再次向諸神祈禱。如果他不來幫助我們,那就是說,他要求我

們死去。如果神的意志不讓我們生，我們就應該勇敢地迎接死亡！現在讓我們開始虔誠的禱告！」

這時候，衰弱和飢餓的百姓都一聲不吭地圍坐在首領的身邊，聽從他向諸神默默地禱告。

禱告完畢，首領對百姓們說：

「現在我們等待諸神的旨意吧，他是英明而萬能的。」

百姓們鴉雀無聲地等待著。黑暗和沉默籠罩了可憐的人們。這時，遠處傳來一聲可怕的雷鳴，一道道閃電劃破了黑暗。那雷聲如同巨大的翅膀的拍擊聲，從太陽昇起的地方傳來。大家把目光投向海洋的上空，只見一隻鳥形的龐然大物正向他們飛來。

人們驚呆了，他們從沒見過這麼大的鳥。雙翅展開，比戰船的帆還要大，巨大的鳥喙呈鉤形，雙目炯炯放光。大夥看見，他的爪子裡抓著一條巨鯨。

眾人一聲不響地瞻視著雷鳥 —— 每個人的心裡都這樣稱呼這隻神鳥 —— 小心翼翼地把巨鯨放在他們面前的地上。然後，他振翅高飛，隨著一聲告別的呼嘯，在雷鳴電閃裡衝入長空，消失在天邊。

雷鳥把人們從飢餓中救了回來。人們相信牠是諸神派

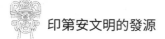

來的，至今他們還都記得雷鳥是怎樣飛來，那場持續了許
多年的飢餓、寒冷和死亡的災難是怎樣結束的。草原上的
那些巨大的圓石和大坑，就是那場災難的見證，據說那巨
石就是從天而降的冰雹融化後留下的。

## ◖ 蛇神的傳說 ◗

印第安人中關於蛇神的傳說很多，其中有一個傳說是
這樣的：

威名顯赫的古塔維特，住在穆伊斯卡城，他是當地最
強大的首領。鄰近的許多部族首領都臣服於他。這些部落
都是出於對他的尊敬而自願俯首稱臣的，因為古特維特出
身高貴，德行超群，而且深受眾望。

在他眾多的妻妾當中，有一位是他最寵愛的，她不僅
出身名門而且美豔絕倫。不過，由於他的過分寵信和驕
縱，又從未對她採取應有的防範措施，她背棄了丈夫。

紙終究包不住火，妻子不貞的流言四起，傳到了古塔
維特的耳中。他想盡辦法終於把姦夫淫婦當場抓獲。按照
慣例，古特維塔處死了那個姦夫，可是對於他的愛妻，卻
沒有加以懲罰。

自此以後，在所有印第安舉行的各種集會上，都會唱

上一首歌，述說古塔維特的妻子是如何背棄丈夫的。這首歌不僅在宮中，而且在他管轄的所有部族裡都被廣為傳唱。

古塔維特以此來讓自己那位不貞的妻子忍受著屈辱難堪的折磨，使她下定決心結束自己的生命。就在她生下女兒之後不久，她選擇了一個適當的機會，悄悄地溜出宮廷，身邊只帶了一個貼身侍女，懷抱著女兒，一路往湖的方向奔去。來到湖邊，她把貼身侍女推落湖中，然後自己帶著女兒投身入水。

當時，就連住在湖濱小屋的薩滿（巫師）都沒有發現這事。等聽到水聲響，薩滿立即從小屋奔到湖邊時，已經晚了，救她已經不可能了。一位巫師立刻奔向宮中，報告此事。

聽到這個消息，古塔維特立即趕到湖邊，命令一個巫師施下法術，命令他把妻兒從湖底下救出來。

巫師在湖面上點起篝火，然後在火中放幾塊扁平的石塊。當石頭燒得通紅時，巫師把它投入水中，自己也跟著跳了下去。他在水中逗留了很久才出來，對古塔維特說他在湖底見到了娘娘和小公主。她們都還安然無恙，儘管巫師一再對她說，她的丈夫想念她，而且答應過去的事一筆

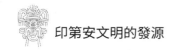
勾銷，永不再提，她還是不願回來。

「她活著，」巫師說，「住在一個美麗的豪華的宮殿裡，比她以前所住的宮殿還大，在她膝旁，蛇神正在休息。娘娘讓我轉告你，她和蛇神在一起很快樂，因為她終於擺脫折磨，她不會回到那個令她如此不幸的地方了。她還讓我轉告你，失去她是你的錯。她會在那個世界裡把你的女兒撫育成人，她將成為蛇神的伴侶。」

這時候，古塔維特命令巫師再次潛入水，哪怕把女兒帶回來也好。於是巫師重新施下法術，潛入湖中，這次他在水中待了更久，最後隨手抱出小公主鑽出了水面，可是當他游近岸邊時，古塔維特發現他的女兒已經僵死，而且兩個眼窩空空的。這時候，巫師對古塔維特說：

「蛇神讓我轉告你，還是把這個小女孩送回她母親那裡吧，因為他已經把她的靈魂和眼睛取了出來，在我們的這個世界裡，沒有靈魂和眼睛的孩子，是誰也不會需要的。」

古塔維特明白，這一切都是蛇神設計好了的。他不想違背蛇神給部族帶來不幸。他命巫師把小女孩送回湖裡，回宮去了。他為自己的不幸感到無比的憂傷，儘管他的愛妻曾給他帶來痛苦和侮辱，他仍是愛她的。這件事不脛而

走。人們從湖的四面八方湧來，帶上祭品投擲在水裡，向娘娘祈福，自此之後湖邊道路縱橫，熱鬧非凡。因為他們深信，娘娘始終是偉大的古塔維特的妻子，有權賜福和降禍於他們。

還有一個不同的傳說：

有一戶人家，只有一個獨生女。父母每天都讓她到山上去放牧牲畜，十幾年過去了，小女孩已經成為一位漂亮的女孩了。

有一天，在一個小山頂上，她遇見了一位英俊的男子。

「嫁給我吧。」他說，而且熱烈地向她傾訴自己的愛意。

這個高大、健壯的男子打動了她的心，她同意了。

從那以後，他們常常在山坡的密林裡約會，如膠似漆。

男子時常讓她從家裡帶些麵湯來，吃得精光。

就這樣，日子一天天過去，男子彷彿全身都是腳。他能貼著地面，把身體拉得很長，他不是人，而是一位蛇神。可是，這有什麼呢？在鍾情的少女眼裡，所見到的只是第一印象中那位給她快樂的英俊男子。

一次，女孩對男子說：

「我們快有孩子啦。如果我父母知道了，會發脾氣，還

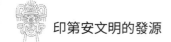
要百般追問，孩子的父親是誰。我們先商量好，準備住在哪裡？」

蛇神對她說：

「我住的地方有許多禁忌，最好到你家去。不過，我不能隨便出現在你父母面前。你能不能在你家隨便找一個角落，裡面塞點破布就可以了。」

「好，我家正好有塊空地。」女孩說。

「那好吧，你帶我去那兒好了。」

「不過，你要幹什麼？」

「我就住在那裡。」

「怎麼可以，那兒太擠了，你會不舒服的。」女孩有些心疼。

「沒關係，更何況為了你受點苦也無妨。現在你告訴我，你住在哪兒，是廚房還是放糧食的小屋？」

「在廚房，和我父母在一起。」

「你家磨房在哪裡？」

「就在放糧食的小屋。」

「那麼，如果我到你家，你就得到放糧食的小屋來過夜。」

「父母不會讓我一個人在那裡過夜的。」

「你就對他們說，小偷要來偷糧食，你得守在那裡。記住每次磨穀子的時候，都要抓把麵粉灑在洞裡。我只吃這個，別讓人看見我。」

「這麼說，你不願意見我父母啦？」

「先等等吧，到時候我會告訴你的。」

「不過，你怎麼可以住到洞裡去呢？那地方很小。」

「別擔心，我會有辦法的。」

女孩等父母出門以後，偷偷走進磨房，讓她的蛇神在那兒休息，次日，她又上山到放牧的地方和男子幽會。

「我把牆洞挖大了些。」她對蛇神說，「這樣可以讓你舒服些。」

天黑時分，他們一起來到女孩家，蛇神當著女孩的面，輕而易舉地鑽進洞裡去了。

當晚，女孩告訴父母：

「小偷看上了我們的糧倉了，我得住到那兒去。」

父母同意了。深夜，蛇神從洞裡出來，和她睡在一起。每天，女孩總把麵粉偷灑到洞裡面。在出門以前，她總是用一塊羊皮把洞口蓋好。她的父母也沒想到自己的女兒有

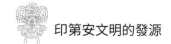

個情人。直到他們發現女兒懷孕時，非常吃驚，開始盤問她：

「誰是孩子的父親？」

女孩總是一聲不吭。他們試著輪番盤問，她還是什麼都不肯承認，她的雙親無計可施。

分娩的日子到了。陣痛開始以後，女孩的雙親守在那裡，一刻也不敢離開。蛇神無法和自己的情人會面，又沒吃的，只好獨自搬到野外的洞裡去住。

為了不讓父母發現那挖的蛇洞，女孩把床堵在洞口邊。

父母從自己的女兒那裡一無所知，只好到鄰居那裡去探聽。

「你們有沒看到她跟附近什麼男子有來往？」

「沒有，」他們說，有人反問她父親，「你女兒在哪兒過夜。」

「原來跟我們一起住在廚房裡，後來搬到糧房，她磨穀子的時候都是一個人，從沒看見有人跟她一起。」

這時，有人說：

「這事只能靠巫師幫忙才行。」

他們來到巫師那裡，求他幫自己的女兒。

「我們的女兒很不對勁，不知道出了什麼事？」

「她怎麼了？」巫師問。

「她懷了孩子，可這孩子的父親是誰，我們也不知道，她又不肯講，好幾天了，還沒生下來。」

巫師說：

「到糧房的地底下找找看，孩子的父親就在那兒，不過他既不是獸也不是人。」

「那麼，他是什麼東西？」女孩的父母嚇壞了，「難道是什麼妖怪？」

「是位蛇神，他就是孩子的父親。」巫師掐著手指頭說。

老人們悲苦萬分，「現在怎麼辦呀？」

巫師想了想，對女孩的父親說：

「把他弄死並不難，只是你的女兒會千方百計地阻攔，最好讓她離村子遠些，喊人來，拿上鏟子和木棍，到糧房地下的洞裡打死他。但千萬要注意，不可以讓他爬出洞來，否則，他會施展神力把你們纏死的。打死以後，把蛇頭割下來，埋到離蛇身很遠很深的地下才行。」

「好吧。」說完，就回家準備去了。

他們回去之後立即找了十個強壯的男子，準備好棍子

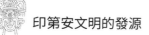

和鏟子，對他們說：

「明天等我女兒一出門，你們就到我家來，不過千萬不可走漏風聲。」

第二天清早，父母給女孩錢和乾糧讓她到很遠的村落裡去買些助產的藥。

女孩說什麼也不願離開她的屋子。

「我不去。」她發著脾氣。

「你不去，痛死了也沒人管！」她的父母嚇唬她。

沒辦法，女孩只好乖乖走了。

當人們看著女孩的背影消失在遠山之中時，立即到糧房裡掀開女孩的床。

只見那是一個很大很深的洞，躲著一條蛇，長著人一樣的腦袋。一見有人來，立即把胖胖的身體挺得筆直，輕輕地擺動起來。說時遲，那時快，人們一擁而上，揮動棍子和鏟子，把蛇剁成幾段，把蛇頭扔到一個山谷裡。從蛇身上流出的血浸滿了洞穴。

當蛇完全僵死的時候，女孩回來了。她看見洞裡滿是鮮血，便都明白了。

女孩大喊著：

「你們為什麼要打死他，他是孩子的父親。」

她不停地嚎哭著，哭聲傳遍了整個村莊。在哭喊聲中她又開始陣痛了。這回，她生了，生了一窩小蛇，一窩帶著美麗羽毛的小蛇，飛走了。

## ◀ 馬雅人的文字 ▶

馬雅人，是美洲大陸最早發明文字的人，他們認為，文字是日眼大神創造的。因比，文字是神聖的。大約在西元前後，馬雅人創造了象形文字，這便是古馬雅文。它是由很多符號和圖形組成，有音階和音符，一共有 800 多個符號（其中基本符號有 400 多個），用這些符號所構成的詞彙有 30,000 多個。著名的科潘象形文字階梯遺址，其坡長為 60 公尺，有 63 級階梯，高 26 公尺，寬約 9 公尺，每個階梯上都刻有象形文字，一共有 2,500 多個。作為珍貴的文物，這是所有馬雅遺址中保留象形文字最多的。

馬雅象形文字在一些石柱、石碑和銘文中，也儲存下了許多馬雅的文字。這些文字與寫本中的字型不同，都是用特殊的石碑體刻成的。在現有儲存下來的馬雅文寫本中，文字大都與彩色的圖畫並列，每一個句子都附有一張圖畫，用圖畫對文字加以說明。這些文字元號，一般都寫

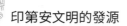

在橢圓形的框裡，即有表音符號，又有表意符號，其排列一般為從上到下，或者是從左到右。還有「面形」的，只畫著頭的側面，或是器皿、人體的一部分。

從西元 328 年始，馬雅人每隔 20 年，便要轟立起一根記事的石柱，一直轟立到西元 889 年為止。有學者研究，是因為馬雅人發明「紙」。這種紙很厚，約 2 毫米，製造的原料是樹皮。人們先剝下無花果的內皮，拿錘子搗過，再用水泡軟，榨乾，最後壓平，便造成紙了，可以在上面書寫文字。

馬雅人用這種紙製成書，書長 8 寸、寬 6 寸，摺疊式的，把整部書全都拉開，一共有好幾公尺長。書是由專職的祭司用紅、藍、黃、綠、黑幾種顏色寫成，最後在書的上、下兩面，加上一種薄木片，作為封皮，這樣便算是裝訂成冊了。馬雅人把書當作聖物，主要是在祭司中流傳，所以，馬雅的文字、書和寫，都和祭司有著極大的關係。

馬雅的書，現存殘缺不全的，只有四部文獻：《德勒斯登手抄本》、《馬德里手抄本》、《巴黎手抄本》和《格羅里耶手抄本》。其餘的，在西班牙殖民者入侵後，全部被天主教會以「異端邪說」進行了焚燬。

《德勒斯登手抄本》是關於天文學的，是占星術和宗教

儀式活動的紀錄。全書共 78 頁，長約 3.6 公尺，由圖書收藏家於西元 1739 年購得；《馬德里手抄本》是一部關於占卦儀式的書，是四部書中最厚的。全書共 112 頁，長約有 7.13 公尺；《巴黎手抄本》主要記載著占卜和宗教儀式活動，以及馬雅曆法中關於「世紀」和「世代」週期的預言，現僅剩 22 頁，長 1.5 公尺，已經殘缺不全。這部書原存於巴黎圖書館，1859 年被法國學者發現，1872 年首次公諸於世；《格羅里耶手抄本》殘缺更嚴重，開頭和結尾均已散失，全書僅存 12 頁，1972 年由美國考古學家公諸於世，現被紐約一家私人收藏館收藏。

## 馬雅人的服飾

馬雅人的服飾比較簡單，男人的服裝，只是一幅手掌寬的布條，在腰際纏繞，布條一端懸在身前，一端垂到身後。布條的兩端，都是由他們的妻子刺繡或用羽毛編制而成的。他們的肩上，披著寬大的方形斗篷，到了晚間，便把斗篷蓋在身上當作被子。而腳上，穿的是涼鞋（用大麻或鹿皮製成）。女人則文雅得多，用一塊雙層的兜肚，繫在腋窩的地方以遮蓋胸部，下身穿著一條裙子。還有一件長大的袋形衣物（兩側開著口），長達臀部。

馬雅人特別注重裝飾，認為長尖形是最美的頭型，顯得人高雅，因為神在創造馬雅人祖先的時候，造化的就是這種頭型（實際是與馬雅人在背東西時，常把繩子套在頭頂有關）。為了造就這種頭型，母親在小孩剛生下來 5 天的時候，就開始用兩塊木板夾小孩子的頭部，使頭慢慢長成方尖的形狀。馬雅人還認為，鬥雞眼是最美的眼睛，所以小孩在剛出生不久，就在孩子的兩個眼睛之間，吊上一個魚眼珠，使嬰兒經常注意到它，久而久之，就變成鬥雞眼。

馬雅的男人、女人，都喜歡留長髮，男人們將頭頂的頭髮剃光，讓四周的頭髮生長。等長長了，便將它們編成辮子，盤在頭頂。男人都喜歡照鏡子，戴耳環，卻不喜歡留鬍子。而女人則將長髮分成兩束，再分成很多小辮子，最後梳成各種髮式。少女出嫁的時候，媽媽都要為女兒梳各種漂亮的髮式。小女孩的頭髮，大多梳成兩條或者是四條的辮子。

馬雅人無論是男人還是女人，都喜歡紋身。男人們把紋身、畫臉視為威武和漂亮的象徵。他們在身體上刺滿花紋，認為刺得越多，就越顯得勇猛英武。刺的時候極疼，還會潰爛化膿，痛苦不堪，這對男子是一個嚴酷的考驗。他們還喜歡往身上塗顏料，身份不同，所塗的顏色便不

同。身上所塗的顏色，是一個人社會地位的象徵。一般的
青年都塗黑色，祭司的身上是藍色，而武士則是塗滿紅
色。若武士在戰鬥中成為俘虜，最大的恥辱，便是塗在身
上的顏色被人抹掉；女人紋身，大都是紋在腰以上，花紋
比男人紋得漂亮精美。她們喜歡在自己的身上塗紅色，並
在顏料裡拌樹脂，使其芳香，其香味經久不散。但婦女卻
從不喜歡化妝，她們覺得這樣不夠莊重。

### ◢ 馬雅人的建築 ▶

　　馬雅人在建築上，取得了輝煌的成就。西元 3 世紀到
西元 9 世紀，僅在貝登湖畔原始森林中方圓 16 平方公里的
提卡爾城中，就有三千多座宏偉的建築。聳立在公共廣場
四周鱗狀疊蓋的廟宇，每座之上都有突尖拱頂和栩栩如生
的浮雕，雕刻著人物和象形圖畫的獨孤石柱；還有蒸氣浴
池、球場、祭臺，鐫刻著文字的石碑，和埋葬著大量彩陶
的墓地等。

　　金字塔（猶加敦地區和現墨西哥南部一帶），是馬雅
人建築最傑出成就之一。它與埃及的金字塔有不同的作用
（除個別外，一般不做為墳墓），在塔頂上都建有神殿，主
要用來觀察天體（與蘇美人金字塔作用相似）。金字塔是斜

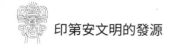

截錐體，底周長 140 公尺，40 公尺高。塔面上有石階，祭司們沿著石階走上去，據說能夠接近眾天神，而眾天神也是沿著這些石階下訪人類的。

馬雅人認為，塔頂是天與地之連線點，所以在塔頂建有廟宇，在上面觀測天體、預言未來。提卡爾金字塔，穿破了熱帶原始森林的覆蓋，直伸向天空。猶加敦半島東北部奇琴伊察和庫庫爾坎的金字塔，便是融合天文知識的偉大藝術建築。

科潘是又一處馬雅文化建築聖地。最著名的是「象形文字階梯」的金字塔，梯級寬 10 公尺，長 27 公尺，沿階刻有象形文字的符號。很多人對這些符號作出過解釋，認為是天文紀錄，也有人認為是城邦的編年史，至今仍然尚無定論。

科潘還有大量的石像，建築物上也大多刻有銘文。這裡還有一個球場，全部是用石板鋪的，幾乎所有的古馬雅的城市中，都有一個這樣的球場，據說，球賽曾經盛行於整個美洲。馬雅最大的球場，就是奇琴伊察球場，長 95 公尺，寬 35 公尺，兩側各有一道 8 公尺高的長牆，牆下搭有兩個平臺，是為了供人觀看之用。兩座牆的中間，各有一個大石圈，便是球員比賽的賽場。球員們比賽的時候，要

把橡膠球投進牆上的石圈。其實，這種馬雅的球賽，不是一種體育的競技，而是一種宗教儀式。

在馬雅文明的後期，馬雅文化曾經出現過復興，重現了一批新的城市和建築群。烏斯馬爾城的建築群規模宏大，造型優美、雕刻精緻，再次重現了馬雅建築的宏偉風格，其中有金字塔、修女院、王宮等。最著名的，當屬王宮，寬闊的臺基上面再築起一座平臺。平臺之上，建起了長 90 多公尺，寬約 12 公尺，高 9 公尺的王宮，總材料在 100 萬噸以上。府樓之上，有一道長 98 公尺，寬超過 3 公尺的鑲嵌著浮雕圖案的牆飾，雕刻有 150 多位雨神的頭像，而每一位的頭像，都是由 18 塊方塊石組成，所有頭像共有 2,700 塊方塊石。整個的飾牆，共用了尺寸大小完全相同的石料 22,500 塊。

馬雅人居住的房屋也很有特點，屋頂上都鋪著茅草或棕櫚樹葉。屋頂的蓋成尖狀，以便能夠使下雨時的雨水往下流。室內用一道牆，把屋子分成了兩部分，留出一條小道通向後。前面的房間大都用作客廳，或是來客的住宿之處，屋裡都粉刷得潔白，富裕人家還繪有漂亮的壁畫。房屋的前面是敞開的，沒有門，低低的屋簷，便足以遮風擋雨，還能防止敵人的入侵。首領的房子與平民相同，只是

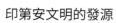

後屋有一扇小門,是平民用自己的材料所造。床為樹枝編織而成,上鋪草蓆,被子是棉布斗篷。

烏斯馬爾的修女宮,是一處四合院,中間有一個空的庭院。房屋的中部有一個大的門,門道開向庭院,門上橫跨著三角形拱頂。門外三面沒有門道,外牆也沒有窗戶。四合院裡有單間,也有雙間,一共有 76 間,可住 600 到 1,000 人,室內沒有爐灶和煙囪。

修女宮,是馬雅人最為壯觀的房屋。

## ◖ 馬雅人的藝術 ◗

馬雅人的藝術,主要表現在美術、戲劇和歌舞等方面。

馬雅人能歌善舞,連祭神也要載歌載舞。打擊和吹奏樂器多種多樣,還有樂弓(一種絃樂)。音階已有五度音程,有較強的表現力;演奏時器樂、聲樂、舞蹈多姿多彩,氣氛熱烈濃鬱。

馬雅人十分喜愛戲劇,他們有專門用石頭搭建的演出舞臺,很多的職業演員,都有很高的修養。他們演出時都要戴著假面具,遺憾的是一部戲劇作品也沒有保留下來,不過保留了一些劇目,如《不要臉的食客》、《賣瓦罐的人》等。此外,在預言書《契蘭·巴蘭》中,還儲存了一篇講述

敵人攻占奇琴伊察城的史詩作品。

　　馬雅美術上最大的貢獻在於建築。除去建築本身的價值外，同時也表現了其他藝術，如雕刻、繪畫、鑲嵌工藝等的成就。馬雅人公共建築圍繞著庭院或廣場排列，成為舉行宗教、政治活動的場所。馬雅建築有神廟、宮殿、金字塔、球場、觀察臺等。這些建築往往組成群體，有的還有帶梁託的拱頂。這種拱頂是以草棚屋頂作為原形的。馬雅的拱頂很厚重，需要有很厚的牆來支撐，也沒開窗，因而建築物內部一般都很暗，也很窄，主要的裝飾在外部。

　　馬雅最古老和最大的宗教中心是提卡爾，這裡有馬雅最早的金字塔和精緻的木雕門楣。提卡爾的金字塔以其陡峭、高聳為特色。石刻在提卡爾未得到充分發展，而科潘城則主要發展了石雕藝術。科潘是馬雅前期的重要中心，有精美的高浮雕石碑和建築裝飾，還有最長的象形文字石階。在猶加敦半島，烏斯馬爾的建築達到了馬雅建築的頂峰。烏斯馬爾的建築以珀克樣式為主，其中女修道院和總督宮建築群以其嚴整、簡練、莊嚴而著名。尤其是總督宮立面的幾何紋鑲嵌圖案是最傑出的馬雅建築裝飾，這種圖案極像中美洲其他地區的紡織物紋樣。

　　馬雅人的溼壁畫採用了多種礦物顏料，有豐富的色

彩。它不注重立體感，但場面富有生活氣息，動態表現很
自由。面部總是側面的，表現出各種不同的表情。波南帕
克建築物中的溼壁畫是馬雅地區最完整的壁畫。瓜地馬拉
高原地區的北部山區發現的彩繪陶器，也是用溼壁畫的方
法來裝飾的。

在各個不同的地區，建築又有其不同的特色和風格。
佩滕地區是馬雅的中心地帶，繁榮於古典時期，是佩滕樣
式的主要代表。它的主要特點是陡峭的金字塔神廟。主要
的金字塔往往高出叢林 40 公尺，階梯斜度達 70 多度，足
以稱為「叢林大教堂」。在所有的美洲古代建築中，提卡
爾金字塔是最令人驚嘆的。金字塔由基座、階梯、神廟構
成，往往有多層，各層輪廓線清晰，立面稍稍內傾，正面
筆直的階梯直達頂部。金字塔頂部很小，但神廟有厚重的
屋頂和高聳的頂飾，使神廟產生了挺拔的輪廓，有時屋頂
上的頂飾比神廟本身還要高。這種神廟內部狹小而黑暗，
不能容納為數眾多的信徒，只准許君主和祭司進入。

帕倫克城位於馬雅西部地區，馬雅建築在這裡表現得
更有組織性，眾多的建築組成幾個建築群。帕倫克宮殿建立
在巨大的人工土臺上，四面有長廊把建築群圍成一個整體，
裡面的建築物把空間劃分成幾個庭院。宮殿的中心在東北庭

院，也圍成方形，四面有臺階。在西南的庭院有 3 層高的方塔，中間有樓梯通到頂部。宮殿結構嚴謹，高聳的塔樓成為這一建築群的主體。帕倫克建築的另一特點是比提卡爾建築更輕快，它在減小外牆的厚度上取得了成功。帕倫克金字塔神廟都有復折屋頂，上面高聳的頂飾是鏤空的網格狀圖案。為減輕屋頂的重量，帕倫克建築師採用了拱狀形空洞，並在後期建築中不斷擴大這些空洞。這類建築的傑作有太陽神廟、碑文寺等建築。碑文寺是一個巨大的建築，位於 9 層高的金字塔頂端，最低的一層有 65 公尺。

頂部神廟是長方形，正面有 5 個門，裡面的三面後牆上刻滿了象形文字，共 650 個字。碑文寺下面 26 公尺深處的地下墓室結構非常嚴謹，從碑文寺地下的石板下有一條狹長的通道通向墓室，這些通道是經過精心設計的。在猶加敦半島的南部，流行一種裡奧貝克樣式（以其第一個發現地命名）。這種建築的特點是：有著沉重的裝飾，神廟立面有時處理成一個巨大的雨神肖像，帶犬牙的嘴作為神廟的門，兩邊有高度抽象化的眼睛和耳朵。這種裝飾類似中國商代青銅器上的獸面紋。很多這種類型的建築沒有實用意義，如克斯普伊爾的塔內部是實心的，通上金字塔上的階梯是假梯，頂上的神廟沒有內部空洞。建築的重點都放

在立面裝飾上，建築成為純象徵意義的。這種風格的流行
地區大多採用了一種特殊的技術：把橡膠放在石灰漿中，
做成混凝土，這樣就可以做成立面華麗而複雜的裝飾紋。

　　珀克樣式是馬雅建築藝術的頂峰，流行於猶加敦半島
西部等地。烏斯馬爾建築是珀克樣式的傑作，屬於極為成
熟和理智的類型。建築的排列有現代感，長長的平石板構
成建築物的平臺，寬闊的階梯通向大建築物；方形門沿牆
面形成有韻律感的排列；牆上部突出的中楣上用磚石鑲嵌
成幾何紋或幾何化的美洲虎面具。烏斯馬爾建築是幾個大
的建築群，每一群體都是一個整體，通常由四座宮殿排列
成方形，但建築互不連在一起，方形的四角是開放的。宮
殿由成排的拱頂房間組成，設有儀式性門廊。這些建築群
的排列又存在某些內在聯絡和統一性。在城市的建築中常
會看見幾組同建築的輪廓線在各個不同的方向會形成一條
條很長的直線。這種樣式的傑作又被稱為「女修道院」和
「總督府」的建築群（名字是西班牙人根據其外形所加）。烏
斯馬爾「總督府」由長約 100 公尺的中楣裝飾、260 個兩種
的幾何化面具和 104 個網格迴紋交織而成。這些數字代表
了馬雅神曆年加勒比海岸的馬雅古城 —— 圖倫。這種圖案
與雨神面具的交替出現象徵著宇宙中時間的不可抗拒性，

有節奏的循環。珀克樣式最簡練的典型是海龜之宮，以其中楣邊緣上裝飾著一排高浮雕海龜而得名。其簡潔的立面、柱式中楣類似古希臘的神廟。

帕克建築還採用了新的裝飾方法：立面裝飾完全用石磚鑲嵌，先用石磚雕刻成石雕磚，然後鑲嵌到牆面組成圖案。這種工程浩大而複雜，需要嚴格的分工和組織，反映了馬雅建築的高度發展。馬雅雕塑以提卡爾和科潘的雕刻石碑最出名。石碑用整塊的巨石雕成，正面往往刻上一個君主或貴族的形象，穿著華麗的服裝、戴著龐大的頭飾，直立，側面和後面往往刻滿了象形文字，記載歷史事件和時間。提卡爾石碑多用淺浮雕在正面刻以貴族或武士的側面立像，而在科潘石碑中往往表現出對高浮雕的偏好，具有高度寫實和近乎巴洛克華麗裝飾的人物正面而立，被周圍服飾和頭飾的繁縟細節刻畫所包圍，但人物面部卻顯得安詳而莊嚴，簡潔的刻畫與繁瑣的裝飾形成強烈的對比。科潘的建築裝飾雕刻也有大量的高浮雕，近似圓雕，如球場象形文字石階上面的高浮雕人物幾乎已經脫壁而出。

馬雅人為人類留下了不可多得、精美的浮雕藝術作品。馬雅的浮雕和石碑雕像，主要是人或動物的雕像，尤為顯著的是蛇的形象。總督府雨神的頭像（鑲嵌著浮雕圖

案的華美牆飾，上有 150 個雨神頭像），雕刻得極為精緻，每個頭像上的眼、耳、鼻、舌及牙齒齊全，栩栩如生。雕像中的人物，由簡單到細緻，甚至雕刻出極為複雜的場面。如：馬雅王端坐於寶座之上，兩邊站列著大臣貴族，有士兵把戰俘押到面前等，作品的表現力極為豐富。

18 世紀中葉被發現的帕倫克城富麗堂皇的宮殿，內外的裝飾，都是淺浮雕，浮雕中有象形文字、宗教標誌、人形神像，和一些現實生活中的禮儀場面。雕刻的手法細膩、嫻熟，是世界藝術寶庫中傑出的藝術作品。

石板浮雕常出現在馬雅的建築和墓室中，大多為淺浮雕，如在帕倫克北部的建築中的石板浮雕飾板。這些浮雕雖然刻得較淺，卻具有很強的體積感，人物形象通常都是正側面，刻畫極為寫實，面部和手的細節表現得很優雅。有的小型石飾板表現更為生動，人與動物擠在一起，不同的動物交相混雜，甚至還有依偎在一起的裸體形象，刻畫得既寫實又誇張，還富於裝飾性。石板浮雕的另一傑作是碑文寺地下墓室的石棺蓋板浮雕，表現的是坐在地上的一個神像，他身上還長出生命之樹。

在建築裝飾中，大多數雕刻是石灰泥雕。在帕倫克和許多城市的建築外牆和房間內部裝飾著石灰泥雕，和雕像

比更接近高浮雕，人物面部近於圓雕，凸出的鼻子、張開的嘴、突出的牙齒，都與圓雕的處理手法相同。在帕倫克地下墓室裡還發現了兩個石灰泥圓雕頭像，其中一個特別精采，其高度的寫實性達到了馬雅雕刻的頂峰。

馬雅彩塑陶像特別多，在猶加敦西海岸的島上有大量發現。這些陶像是作為陪葬的器物，有的握在死者手上，所以尺寸很小，不超過 30 公分高。但表現的題材極為廣泛，有各種人物和大量細節的刻畫。這些小陶像很有表現力，不論是臉部還是整個人物形態都顯得富有生活氣息，彷彿是生活中的速寫。同時這些人物又具有莊嚴的外表，除尺寸太小外，完全具有紀念碑的性質。其中還有成組的雕刻，如主人與僕人、母與子，還有留鬍鬚的老人、矮子和駝背等和大量的動物形象。

馬雅的壁畫，有很多是用現實主義手法創作的，反映的是當時的生活場面。有古戰場的戰爭場面，有刻畫各種人物的形象及各種鮮活生動的不同姿態。墨西哥南部烏蘇馬辛塔河上游的「波南帕克神廟」（1946 年發現），被稱作是壁畫之宮，畫廳高約 7 公尺，總長 16 公尺，色彩豔麗。有祭祀、貴族儀仗、戰爭凱旋和慶祝遊行等場面。這些都是 8 世紀的作品，其構圖嚴謹、造型逼真、技巧高超，為

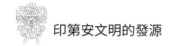

世界壁畫藝術之珍貴的寶藏。

馬雅壁畫在很多地區都留有一些殘片，如提卡爾、帕倫克、猶加敦半島等。但完整的壁畫僅有西部馬雅地區的波南帕克。這個小城的 1 號建築完整地保留著 3 間房的壁畫，其內容包括儀式、戰爭、凱旋及殺祭的場面。這些壁畫表現出一種神韻和技巧，龐大的場面多樣而統一，人物的表現如勝利者的驕傲、失敗者的絕望、貴族的威儀和武士的勇敢等都刻畫得異常生動。色彩千變萬化，明亮的橙色、黃、褐以及發光的紅、綠、深藍交織在一起，加上平塗的方法，使這一壁畫對於現代人具有很大的魅力。

古典時期的馬雅人還創造了幾乎可與希臘瓶畫媲美的陶瓶。馬雅人的陶瓶、陶盤都未用陶輪製作，而用古老的盤繞法做成。但陶器造型仍具有輕巧、優美的特點。陶瓶以圓柱形為主。花瓶裝飾分浮雕和彩繪兩大類。浮雕中有人面高浮雕，也有較平的淺浮雕，刻上武士或祭司的形象和象形文字，並塗以色彩，這種淺浮雕類似石板浮雕風格。彩繪是在紅底上繪以白色圖案或白底上繪以紅色圖案。裝飾的內容包括馬雅人生活的各個方面。常用的顏色為赭石、赤褐、紅、黃，輪廓和細節的表現都很熟練。

在佩滕地區西南部，有一種很大的喪葬用甕馬雅花瓶

上的雕刻圖案，上面裝飾著高浮雕的太陽神的臉、美洲虎面具、鷹嘴等，效果近似圓雕，使雕器具有了雕刻的意義。來自西部蒂帕地區的陶火盆，裝飾著一個從地魔口中出現的高浮雕太陽神像：青玉面具，隨葬品。交腳而坐，動態與佛教造像極為相似。

馬雅面具多用於喪葬，馬雅人有給死人戴上玉石面具的習慣。面具一般用玉石鑲嵌而成，並帶有明顯的肖像性，可能是按死者的相貌做成的。眼睛有時用珍珠貝和黑曜岩鑲嵌而成，並在黑曜岩的眼珠上畫上瞳孔。玉石面具在一些馬雅墓葬中都有發現。

金銀製品直到 11 ～ 12 世紀才出現在馬雅人的藝術中。最早的金銀製品來自猶加敦奇琴伊察的「聖井」，這是馬雅人祭神的犧牲之井，裡面有馬雅人的金盤子和精緻的銅鈴。金盤子用凸紋的方式來裝飾，表現了托爾特克人與馬雅人的戰爭，高潮是挖出一個俘虜的心臟來祭神的場面。

## ◖ 馬雅人的天文曆法 ◗

印第安人在天文曆法上，有著久遠的歷史和驚人的成就。這和印第安人的農業文明，有著密不可分的關係。有「美洲的希臘人」美稱的馬雅人，他們最早的建築，就是

天文臺。他們藉助簡陋的工具（一種安放在木架上的玉石管），憑肉眼觀測宇宙星空，便已較準確地預測出了日、月食的時間，掌握了金星和月亮的執行週期。巨大的石板鐫刻，記載著他們對天文觀測的輝煌成就。

馬雅人和天文有密切關係的建築是金字塔。有很多的金字塔，就是觀察天象天文臺。金字塔建築的方位、構造形式，都和星球的執行、以及季節有關。如庫庫爾坎金字塔（墨西哥猶加敦半島北部），四面各有 91 級臺階，通往最高處聖堂是一級臺階，臺階數正好 365 級，吻合一年中的 365 天。石階的兩邊是邊牆，朝北的兩面邊牆下端是雕刻的巨型蛇頭，每年的春分、秋分時，夕陽下便會出現「蛇影奇觀」。當每年的 3 月春分日，太陽朝正西方下降，北面牆上的光照部分稜角漸漸分明，陰影便從上到下由筆直變成波浪形，好像是一條巨蛇，正從塔頂遊向大地，馬雅人認為這是「長羽毛的蛇神」將為他們帶來雨水，於是，播種的季節開始了。經過漫長的夏天之後，在九月的秋分這一天，這一奇觀恰好結束，人們認為「長羽毛的蛇神」離開了人間，意味著雨季結束了，時令開始進入旱季。

「蛇影奇觀」，充分顯示出馬雅人的聰明智慧，對天文準確的掌握和計算的精妙。

　　馬雅人在對天文的研究中，經過對太陽和星辰的長期觀測，發明了曆法。馬雅的曆法共有四種，即：馬雅曆、太陽曆、太陰曆和金星曆。

　　馬雅曆一年中分為 13 個月，每個月為 20 天，全年只有 260 天；太陽曆每年分為 18 個月，每月也是 20 天，在年末的時候，要外加上 5 天，全年整滿 365 天。每一年，都是從冬至日升始計算，每月都有一個名字（均與農事的季節相關），如：楚思（播種月）、摩爾（收割月）等。

　　太陽曆屬於馬雅人的生活曆法；太陰曆一年為 365 天零 8 小時（西元 765 年，方圓 500 公里的祭司彙集科潘，交換各自對天象研究的資料）；金星曆是馬雅人透過對金星的長期觀測，測出在地球繞太陽轉行 8 圈（8 年），而金星正好繞行 5 圈（5 個金星年），他們用 2,920（8 年）除以 5，便得出金星一年（繞太陽一圈）為 584 天（現代科學家計算為 583 ～ 592 天，與之相差 72 分鐘，即每月相差 6 分鐘，每天相差不到 12 秒）。

## ◖ 馬雅人的數學 ◗

　　印第安人在數學上取得了傑出的成就，他們的建築、天文曆法，都是要經過精密的計算，才能達到驚人的準

確。馬雅人是取得數學成就最高的印第安人,他們在數學
上的最大成就,是使用了「O」這一概念,這要遠比歐洲人
早 700 至 800 年。他們發明「二十進位」計演算法(實際上
是一種混合進位法),但是,當第二位進到第三位時,就變
成了「十八」進位(可能與他們的一年 18 個月有關)。馬雅
人有 3 個記數的符號:點(‧)、橫(-),和一個橢圓形的
符號。一「點」等於 1,一「橫」等於 5,一個橢圓形符號等
於二十進位。運用這 3 個符號,能夠寫出任何的數字。如:
下面一橫上邊兩點,讀作 7,下邊兩橫上邊四個點,讀作
14 等。

## ◢ 馬雅人的風情習俗 ◣

　　馬雅人和所有的印第安人一樣,食用的糧食,主要是
玉米。在長期的摸索中,他們已經領會了一套獨特的加
工方法。馬雅的婦女,常常要在夜裡,就把整個玉米棒
子(帶著玉米葉子)放到石灰水中浸泡。待早晨醒來,玉
米經過一宿的浸泡,已經被泡軟,甚至已經被燒得半熟。
這時候,她們便剝去玉米葉子,把玉米粒從玉米棒上弄下
來,用石磨輾碎成漿後,再煮成粥當早餐。早餐剩下的,
再加上水,當飲料喝。他們也把玉米漿,製成一團餅。吃

的時候，把它先放到一個瓢形的殼裡，用水化開，就可以吃了。這種團塊，易於儲存，而且能儲存很久。在出外勞動、打獵、旅行的時候，可以帶上當乾糧。她們還把玉米用不同的方法處理後，做成不同的各種食品：她們把玉米漿，加進一種從可可中提取的油質，製成一種香醇的飲料；還把玉米漿和磨碎的可可加在一起，製成一種發泡的飲料。

馬雅人吃飯的時候，要男人先吃，然後是婦女和小孩。諾加布（烏斯馬爾遺址附丘）的馬雅人聚居點，吃飯實行集體分配制度，飯菜做好後，每家都要派人去領，先男人，後婦女，最後是孩子。

馬雅人喝酒瘋狂，常喝得酩酊大醉。他們的酒，是一種特製的酒，酒味濃烈，是用蜜和水，再加上一種專門釀酒用的樹根釀製而成。喝酒的時候，幾個人（一般是 2 到 4 人）坐在一起，喝多了之後便開始跳舞助興。有專門斟酒的人，大家喝酒的時候，他只能斟酒但不能喝酒，只能在大家全都喝完之後，他才能喝。一個人自斟自飲，直到爛醉如泥。

馬雅人的婚喪嫁娶，也有著自己獨特的習俗：

馬雅的女兒，從小就受到家庭（父母，特別是母親）

的教育，並有嚴格的行為約束：走路時若是遇到男人，經過他的身邊時，便要側轉過身體，避讓到路邊，等待男人過去。若是女人在替男人斟酒的時候，斟完了酒，也要扭轉過身體，等人喝完。如果女兒的行為稍有不端，母親便進行責罵懲罰，有時候拿鞭子抽打，打得女兒羞愧難當、求饒不止。如果出現通姦，姦婦則要被人綁上當街示眾、羞辱，丈夫也會將她拋棄。姦夫則要交給姦婦的丈夫來懲罰（如果能夠得到饒恕，還可以得到自由），由姦婦的丈夫，舉一塊大石頭，在很高的地方砸爛他的頭，將他活活砸死。

馬雅的女人極注重貞潔，西班牙人入侵後，抓了很多漂亮女子，她們都以死威脅，絕不允許任何人玷汙自己。

馬雅人有早婚的習慣，一般是男子 18 歲、女子 14 歲就要結婚，一夫一妻。婚事都是由父母包辦，由男子托媒人前去提親（由女方父母主動提親被認為是不體面；若是男子自己求婚，也被視為有失尊嚴）。如果雙方都同意，男子要付聘金，而女方的父母，則要為女兒準備嫁妝。

結婚要實行「婚役」。婚禮要在女方家舉行，人們都聚集在女方家裡，舉行盛宴，婚宴熱鬧非凡。婚後，新郎便要住到女方家（5 年）勞動生活。如果男子表現不好，便

會被趕出去，不再承認這門婚事。如果生活了 5 年，滿意了，才允許丈夫把妻子領回家去。

馬雅人都盼望兒女成行，多子多福。沒有兒女的，或少兒缺女的，都向神供奉祭品，求神靈賜給他們兒女。

馬雅人若是死了，人們往往要在死者的身邊放些石子，當作陰錢；但死的若是貴族，就要以東西和人殉葬。埋葬在帕倫金字塔的是個酋長，戴著玉石的面具，頭戴王冠，身佩胸飾、項鍊、玉珠，手戴著玉戒指、玉珠手鐲。

## ◀ 馬雅人的宗教信仰 ▶

馬雅人最崇拜的神，有天神、地神、玉米神、雨神和戰神。這些神，都主宰著人的農事和現世的幸福。天神「伊察姆納」，是馬雅人崇拜的最高神，也是祭司的保護神，他創造了馬雅的文字和科學知識，地力之神「伊什切爾」是他的妻子。土地是馬雅人非常看重的，所以他們非常崇拜土地的保護神「恰克」。東、西、南、北，都有恰克神，方位不同的恰克，顏色也不同。東方的恰克神是紅色的，西方的恰克神是黑色的，南方的恰克神是黃色的，而北方的恰克神則是白色的。

玉米神是農人最崇拜的神，他是一位身強力壯的年輕

人；死神「阿赫·普契」，則是一具令人恐懼的骷髏；戰神「卡庫帕卡特」，是軍事貴族們的保護神。馬雅人的商業非常發達，還有很多的可可種植場，他們都崇拜商人的保護神「埃克楚亞赫」。

馬雅人認為，有四位天神「霍布尼爾」、「坎齊克那」、「薩克基米」和「霍桑埃克」，他們每年一輪（後來變成20年一輪）統治著世界。整個宇宙有十三重天和九重地，在東、西、南、北四個方位，各有一棵「宇宙樹」，圍繞著宇宙世界中央的一棵綠樹。每棵「宇宙樹」上，都住著一位恰克神，每位恰克神都有一個大水罐，當他們傾斜水罐倒水的時候，便形成雨。宇宙中央大樹的綠蔭下，有一座美輪美奐的天堂，天堂裡住著一位天堂之神「伊什塔布」。和天堂遙遙相對的地方，有一座地獄，人死以後上升進天堂，還是墜下地獄，取決於他一生中所做所為，也取決於他生前的社會地位和死亡的方式。他們認為，整個世界要經歷幾個時代，當人們的道德標準低下、人靈魂變壞的時候，這個時代就要結束。

商旅的保護神 —— 北極星神。馬雅人有一個專職的宗教祭司集團，他們主要負責節日禮儀，施行聖禮、占卜和預言。他們日常裡誦讀經書，對貴族們進行勸告，並回

答解釋一些貴族們提出的問題。他們還培訓一些小祭司，教他們領悟各種學問和禮儀，規定他們的職責，並教育他們如何做人，然後送他們去一些小城鎮去主持祭祀。他們還把自己的兒子和貴族的次子，加以培養，教他們曆法推算、醫學、閱讀經書，使他們成為祭司集團的繼承人。高階祭司稱「阿金邁」或「奧坎邁」，他們極為富有（接受貴族和城鎮居民的貢納和祭品），受人尊敬（只有他們才能與神靈溝通，併為人向神靈祈禱）。

祭司蠟像「契蘭」是專門負責把神對人的答覆告訴人的祭司，他們備受尊敬，人們常把他們抬在肩上。「恰克」有四位，他們專門負責協助祭司完成祭祀儀式。「科納姆」是官員，有兩名，一名專門作剖開用來祭奠的活人胸膛的；另一名要從軍事首領或立有戰功的人中選出。他們任期三年，享有很高的榮譽。馬雅人還有醫師和巫師，他們主要給病人疼痛的地方放血治病。馬雅時期的宗教很興盛，頂端建有廟宇的金字塔，星羅棋布。這些金字塔，都是馬雅人舉行宗教活動的儀禮中心。馬雅的許多大城市，都是當時的宗教城市，如瓜地馬拉的基里瓜城，猶加敦半島南端的科潘。當時有很多與宗教相關的工匠藝人，如雕刻各種石像、木像和焙製陶器的，為廟宇描繪壁畫、天頂的，以

及縫製祭服的裁縫等。

馬雅人建有公共的廟宇，是人們進行宗教活動的場所。貴族和富人們都在家裡設有禱告室，供有神像，常供著祭品，並進行祈禱。被崇拜的偶像，有石頭的、木頭做的，也有泥制的，以木雕的最為珍貴，往往都被作為傳家之寶。馬雅人也崇拜奇琴伊察的泉水，他們去那裡奉獻祭品，進行朝拜。在朝拜的路上，要是遇到了被廢棄的廟宇，也要進去燃燒樹脂，祭祀禱告。

馬雅人祭祀中，最悲壯的，是「人祭」節。被祭獻的活人，有的是奴隸，也有的是他們的孩子。這種祭祀，是祭司要根據災禍的大小來決定。待「人祭」節到來的時候，廟宇人員、祭司們都要先進行齋戒，被做為「人祭」的，要在節日之前，被祭司帶著，邊走邊舞地走遍大街小巷。

到了「人祭」的這天，「人祭」的人，便要被全身剝得精光，然後要被塗抹一種藍色的顏料，塗遍全身，還要再給他戴上一頂紙帽子。前來參加儀式的人們，也都要身上佩帶著弓箭，圍繞著做「人祭」的人和木樁一起舞蹈，一邊舞著，一邊把「人祭」高高地捆到木樁上，人們繼續注視著他並圍繞著他跳舞。這時，身穿祭服的祭司，攀上柱子，用箭一下刺進他的陰部，便迅速接著淌下來的血，不住地

往自己的臉上塗。接著，他向跳舞的人發出了訊號，人們便一邊舞著，一邊在走到犧牲者的面前，拉弓搭箭，朝預先已作了記號的「人祭」心臟處射箭，犧牲者痛不堪言，直到被亂箭射死；有的時候，要把作「人祭」的人帶上一個圓形的祭壇，由恰克抓住他的腿、胳膊和手，劊子手的「納科姆」，手拿尖刀，一下猛刺進他的左肋裡，接著把手插進他的胸膛，掏出一顆血淋淋還在跳動的心臟，放到一個盤子裡，端給祭司。祭司便用鮮血，塗抹著偶像的臉。然後，祭司們把犧牲者拋下臺階，神職人員便剝掉他全身的皮膚，除去手腳，把人皮披到祭司的身上。人們便圍繞著祭司開始跳舞，犧牲者的屍體便被埋到院內，也有的會被人吃掉。若犧牲者是戰俘，主人就要拿著他的骨頭揮舞著歡呼，以示勝利。

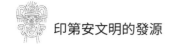
# 阿茲提克文明

## ◀ 從部落聯盟到國家雛形 ▶

　　阿茲提克人，原來居住在墨西哥西部的一座海島上，大約從 8 世紀的中葉起，開始逐漸地向墨西哥谷地進行遷移。13 世紀末，阿茲提克人開始崛起，並於西元 1326 年在特斯科科湖西部的一座沼澤島嶼上，建立了他們的都城 —— 特諾奇提特蘭城，這便是後來的墨西哥城。

　　阿茲提克人最初是聚族而居，部落裡有很多的氏族，氏族的首領是族長，各族長有族長會議，形成部落，部落酋長領導族長會議，實行民主管理。每個部落的議事會，都有不同的組成。有的議事會人數眾多，作用很大；有的部落議事會人數比較少。如特諾奇提特蘭部落的議事會，最初成立的時候有 20 人，到後來只有 4 個人，而且都是酋長的親近，只有在特別重要的時候，才能召開。

　　14 世紀末期，特諾奇提特蘭、特斯科科和特拉科潘等三個部落結成了聯盟，合力摧毀了阿斯卡波察爾科城，成為墨西哥盆地一股最為強大的力量。阿茲提克人是這個聯盟的盟主，三個部落權力平等，聯盟的行動，要由三個酋

長開會決定。分配的戰利品，也是根據各部落派出的兵力多少來公平分配。

西元 1428 年，伊茨夸特爾任首領，在他的率領下，不斷地征戰，特諾奇提特蘭的財富不斷增加，土地日益擴大，城市迅速發展起來。特諾奇提特蘭城大量地建造房屋、廟宇，把湖島和水外的陸地連線成一體。修築堤壩，在上面留有多處缺口，並在缺口架設吊橋，以禦外敵。

西元 1440 年，伊茨夸特爾的兒子豪特蘇馬一世繼位進一步對外征戰，往南征服了莫雷洛斯、格雷羅等很多的城鎮，向東征服了維拉克魯茲和普韋布拉部落，特諾奇提特蘭城進一步擴大，並修建了兩條巨大的淡水通道，通向西岸，這座城市已經發展成一座雄偉壯麗的都城。15 世紀末 16 世紀初，城市人口已發展到近 30 萬，成為當時美洲乃至世界最大的城市之一。在城北，修建了巨大的貿易市場，用於交易貨物和買賣奴隸；在城內，修建了 40 多座神廟，還有很多白色和紅色的古屋，這些都是貴族的房屋。還修建了很多的金字塔，最大的一座，修於西元 1487 年，氣勢雄偉。

西元 1516 年，因蒙特蘇馬二世拒不承認特斯科科部落會議提出的繼承人，而堅持要由他提名，從而引起特斯科

科部落的不滿，出現騷動，使部落聯盟瓦解，統治者的權利得到了進一步加強，國家的雛形正在形成。

到 16 世紀初，特諾奇提特蘭的首領蒙特蘇馬其實已經成為阿茲提克各部落的「王」了。阿茲提克人的最高首領「特拉卡特庫赫特利」，形式上為選舉產生，實際上已經是由一個有權勢的家庭進行世襲。有五個主要的王，負責掌管各部落，蒙特蘇馬則是王上之王，所以在他的名字的後面，要加上一個「西」字，以示尊嚴和敬意。他的整個名字，則代表一種莊重、嚴厲、權威、令人敬畏，還蘊含著盛怒和憂愁的意思。

蒙特蘇馬有了一種近似皇帝的味道，豪華顯赫，受人崇拜。每天早晨，文武百官要到王宮上朝。他們必須在大廳、走廊裡等待召見，任何官員都不能擅自見駕。當他們被召見時，必須要身著披風，脫去靴子，低頭彎腰地顯出極為謙恭崇拜的樣子，絕不能看蒙特蘇馬王的臉。王下令時，只是不斷地啟動嘴唇，而由祕書傳遞。蒙特蘇馬王用膳，也有複雜的禮儀，食品豐富、考究，餐具漂亮精美。「王」之下，還從少數貴族家庭任命祭司、收稅員、審判員、書記員、警務員等一大批公職人員。若蒙特蘇馬王出外巡視，儀仗極為隆重。他坐著大臣們抬著的金轎，群臣

們在前開道。所有的隨從，都必須低首前行，不能目視著
王。儀仗隊的最前面，一位大臣手持著三根細直的權仗，
這意味著王的親臨。所有的行人，都要站住低頭，唱歌頌
王的讚歌，一直到儀仗隊遠去。

阿茲提克人的土地公有，不能買賣和租佃。每個家庭
都分有土地，這些土地都有世襲的收益權。若是土地不
足，可向鄰近的氏族進行租佃；如有土地兩年不種，便由
氏族收回，分給別的需要土地的人家。各家族除了耕種自
己分得的土地外，還要耕種部分直屬於王的土地和公眾機
關的土地。這種土地有四種，在地圖上標有深紅色和紅
色。深紅色的土地，是王的土地，這些土地是由王直接控
制，主要用於王的一切支出，並賞賜有功的貴族和武士。
標有紅色的土地有三種，主要用於軍事、維修宮殿和維修
廟宇、宗教崇拜儀式，和維持僧侶生活等。屬於氏族公有
的土地，在地圖上標有淺黃色。

隨著戰爭和貿易，很多土地被賞賜給了貴族，並由他
們的子孫世代繼承，這已經是土地私有制的萌芽。

阿茲提克人在西班牙入侵之前，已經分化為兩種人，
即自由民和奴隸。奴隸是地位最低的階層，他們主要來源
於戰俘、罪犯、債務人員或買賣，被用作祭神、勞動力或

買賣。為了防止他們逃跑，他們的脖子上都拴著一根長棒，境況惡劣，在法律上沒有任何地位，若被殺死了，殺人者只需要向奴隸的主人賠償。若是殺死了自由民，便要被殺死償命。

自由民中也有很多清苦的農民，他們全部的財產只有一身破袍子，一塊睡覺用的席子，還有幾個煮玉米用的罐子和一兩塊輾玉米用的石頭。他們耕種著自己的一塊地，果實也大多要被貴族徵收。另外，還要替王和一些供養軍隊的土地無償地進行耕種。一些被征服部落的農民，他們比一般自由民的境遇還要差，不僅大部分勞動果實要被貴族徵收，還要準備金銀、披毯、蜂蜜、石灰、木材、蠟等向上納貢。契約規定：每隔 40、60、70、90 天便要向貴族納貢一次。如果交不出貢品，便要被販賣到集市上變成奴隸。

貴族分為統治者和一般貴族。貴族有特權標記，他們的土地由農民耕種，其財產受到習慣法保護。

阿茲提克人還分化出一部分「波契特克」。他們翻山越嶺，走過沙漠，穿越大海，把寶石、金銀、瓶罐、香爐及各種羽毛、獸皮等帶到各地，並參與市場的奴隸買賣，成為商人。

阿茲提克人的氏族制度正在瓦解，私有財產出現，階級分化加劇，奴隸制產生，國家已經初具雛形。

## ◀ 阿茲提克人的農業 ▶

阿茲提克人同所有的印第安人一樣，主要是靠種植玉米為主要食物。同時，他們還種植蠶豆、番茄、甘薯、可可和棉花。

由於土地的不足，他們發明「水上浮動的園地」，用以進行擴大種植。這種「水上浮動的園地」，是在水上建立的一種種植基地，他們首先在水裡打上木椿，再用樹枝和蘆葦編成輕便的排筏，從湖底挖出淤泥，摻和進一些泥土，厚厚地糊在排筏之上。待把很多這樣的排筏，連線在一起，固定到水裡的木椿上，這樣便造成了可以種植作物、蔬菜和花卉的「水上浮動園地」。他們的都城特諾奇提特蘭，就是以一個小島為中心，在周圍建造起大量「水上浮動的園地」的地方。

阿茲提克人已經開始大量地伺養家禽，如雞、鴨、鵝、狗，還有火雞。靠近森林的男人，他們用弓箭、投槍（投矛器）等獵具進行打獵；而靠近水邊的人，則普遍地進行捕魚。

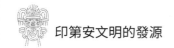 

## ◀ 阿茲提克人的手工藝 ▶

　　阿茲提克人居住的地方，出產陶土、燧石和黑曜石等礦產，幾乎是每一個家庭，都能夠製作陶器、紡織棉紗和布匹。隨著集市的形成和擴大，一些人開使專門從事手工製作，做出的物件當作商品，用於集市的交換，農業和漁業、手工業的分工，正在逐漸地形成。

　　阿茲提克人用燧石、玉髓和黑曜石打磨成刀子，再拿橡膠包裹在刀把處晒乾，製成刀柄。黑曜石還可以磨製成刮刀、箭簇和槍矛鋒利的尖頭；他們還把黑曜石磨成鋒薄的劍片，鑲嵌在木製的寶劍上，造出非常鋒利的武器，連各種石斧，也都是經過了精心的研磨。他們還用黑曜石打磨成能夠照人的鏡子，在石刀上安裝上木製刀柄，上面鑲嵌著綠松石和貝殼，作祭祀之用。阿茲提克人，已經學會了冶煉銅，在冶煉中加入錫冶煉成青銅，並用銅來鍛造銅斧、銅缽和銅矛。他們開始懂得用黃金打造首飾，並用來製造裝飾品。

　　阿茲提克人的製陶，已經達到了相當高的工藝水準。陶輪和陶坯都是用手工製作，製出的陶器，表面都有不同的花紋，褐底黑紋是阿茲提克人陶器的主要的特徵。他們最初的陶器上，大都是些雕刻的各式各樣的幾何圖形，到

後來便越來越豐富多彩，花、鳥、魚、蟲，千姿百態，極為靈動鮮活。阿茲提克人的彩陶，以特拉斯卡拉和齊盧拉最負盛名，能夠遠銷到特諾奇提特蘭的南部，和中美洲的大部分地區。

婦女們用棉花和龍舌蘭作為原料，進行紡織和刺繡。她們用礦石和植物製作染料，用來染布和繪畫。其中有一種紅色顏料，是用胭脂蟲製成的，這種胭脂蟲寄生在仙人掌上，她們便開始大量地培植仙人掌。她們用珍貴華麗的羽毛，經過精心的設計後，綴貼、鑲嵌成一種飾物，用於各種禮儀、祭祀和各種儀仗；他們也把它做成裝飾戴到頭上，或者用來裝飾武器，以示其珍貴豪華。用華麗羽毛做成的這種裝飾物品，極為堅固結實，工藝精良，雖歷經數百年之久，仍是光彩鮮豔。都城特諾奇提特蘭有一條繁華的街道，擺滿了各式各樣的羽毛製品，色彩繽紛，琳琅滿目，盛名遠播。

## ◖ 阿茲提克人的商業 ◗

15 世紀末至 16 世紀初，阿茲提克人的集市貿易已經非常的活躍。那時阿茲提克人還沒有貨幣，貿易大都是以物換物，是一種很原始的貿易方式。特諾奇提特蘭附近有

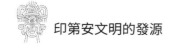

很多廣場，這些廣場都是貿易的集市場所。特諾奇提特蘭城北有一個用石柱子圍成的大集市，每天參與交易的有六千多人。其中交易的貨物豐富多樣，有各種金銀珠寶、石器、骨器、木器、貝殼、羽毛、銅、鉛、鋅和糧食、蔬菜、水果、蜂蜜、酒、糖，還有席墊、木炭、火盆、陶罐、陶壺、花瓶、鳥皮、兔子、狗等。

特諾奇提特蘭都城有好幾條著名的貿易大街，其中有一條專賣各種獵物、包括各種皮毛的大街；還有一條專賣各種草藥的大街，街兩旁有很多專賣藥品、藥水、藥膏的店鋪；還有的大街可以餐飲、洗頭理髮，還有很多專門經營食品和蔬菜的店鋪，貿易場所在逐步地走向規範、專業化。

市場秩序井然，所有的物品都按統一的方法買賣，並設有專門的仲裁機構，有 20 多人專職負責解決發生的各種糾紛；還有一些人，他們在商業街上巡視檢察，防止各種欺詐，監督買賣，商業活動十分的繁榮。

## ◀ 阿茲提克人的神話 ▶

特諾奇提特蘭城的傳說在墨西哥的國徽上，還印有一個阿茲提克人美麗的傳說，那是一隻鷹，在吞吃著一條

蛇。相傳，阿茲提克人的部落神，是戰神維齊洛波奇特利，戰神的母親一共生了 400 個兒子，和一個女兒。後來，戰神的母親成了寡婦。有一天，母親在一塊聖地上，拾到了一個晶瑩剔透的小玉球，便順手收進了懷裡，回去後便懷孕了。她的 400 多個兒女們，都非常地氣惱，商量好了，等到嬰兒一落地，就立刻把他弄死。母親知道了，看著自己隆起的肚子，愁眉苦臉，憂心忡忡。孩子在肚子裡大聲地對她說：「媽媽，不要害怕！」那孩子生下來後，竟是一個全身盔甲的武士，他一落地，便搭弓射箭，把準備著要將他殺死的哥哥姐姐們射得四散奔逃（這個故事寓意：母親是大地，戰神是太陽，姐姐是月亮，而哥哥們是滿天的群星。太陽一出來，便將月亮和星星們撞得無蹤無影）。從此，阿茲提克人，便跟隨著戰神，不斷地發動戰爭，因為戰神需要戰俘的血和心臟祭奠，才能不斷地獲得新生。後來，戰神對人們說，你們不要再四處飄泊了，去尋找你們定居的地方吧！你們如果在什麼地方，看到一隻鷹站在仙人掌上正在吸食一條毒蛇，那就是你們將世代居住的地方。阿茲提克人按照戰神的啟示，跋山涉水地四處尋找。終於在西元 1248 年，阿茲提克人在特斯科科湖的西岸，看到了一隻站在仙人掌上，正在吞吃一條毒蛇的鷹，

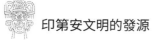
他們便找到了他們的歸宿，在這湖畔安居下來，開始建立
自己的家園，這就是阿茲提克人在特斯科科湖西部沼澤島
上建立起的都城 —— 特諾奇提特蘭城（墨西哥城的前身，
是山水之石的意思）。所以，後來人們把阿茲提克人創造的
文明，稱為「仙人掌旁的文化」。

## ◀ 世界的主宰 ▶

有一次歐阿拉老頭到瀑布附近去捕魚，但忘記交待自
己的去向。天漸漸黑了，沉沉的夜色籠罩了寂靜的萬物，
老頭還沒有回家，他的女兒很有些擔心，便決定去找他。
不過，她也忘了告訴家人。

她獨自一人向河岸走去。這時，月亮從雲層探出頭
來，把銀灰色的光華像雪片一樣灑滿大地的每個角落。在
那水銀般冰冷冷的光束下，一切都變得明亮起來，就如同
白晝降臨一般。女孩席地而坐，仰視著無垠的天宇。忽
然，她感覺一道陰影從月亮中走了下來，飛速降臨到地面
上。就在這一剎那，夢神輕輕地攏住了女孩的雙眼……

就在那天女孩走後不久的夜裡，歐阿拉就回到了家
中。他是怕女兒擔心，才儘快趕回來的，可哪裡還有女兒的
蹤影呢？他不由得擔心起來。就在萬分著急的時候，忽然想

起久已不用的巫術。於是，他開始靜坐施法，如入夢境，想從中探尋出女兒的蹤跡。可映入眼簾的，只是些模糊不清的陰影，過了一會兒，老頭深怕什麼跑掉了似的，急忙抓起一小撮古柯葉煉製的粉末吸入鼻中，往嘴裡塞進菸葉繼續加大法力。這次，他的面前出現一個男人的影子，正從地面向空中飛騰。老頭伸出雙手，想把他抓住，可是眼睛卻被什麼東西擋住，身體就如同一把割過的草，倒下了。

當他甦醒過來，四周又是一片混沌。歐阿拉下定決心，要去尋找女兒。

夢神使女孩恢復了精神，她沿著河岸繼續往前走。天色已黑，她登上一座高山。從山頂上還可以看到正在下落的月亮。月亮的餘輝在女孩的眼裡閃著火星，她覺得很累，很快又昏然入睡了。夜裡，她做了一個夢，夢見自己生了一個男孩，日後成為宇宙萬物的主宰。她記得這孩子遍體都是透明的。

清晨，山澗裡流水的衝擊聲又把女孩喚醒，她張眼四望，不由得嚇了一跳，波浪正從四面八方向她湧來。在河的下游可以望見一個小島。女孩往那裡拚命游去。已經離小島很近了，偏巧這時一條巨魚從河底浮出水面，一張嘴就把她吸到肚子裡去了。不多久，大魚把肚子裡的東西吐

到岸上，又游到水裡去了。在陸地上，女孩吃驚地發現肚皮上有一道很深的傷口。她用手壓著傷口，一點也不疼，但覺得肚子裡空空的。

水還在不停地往上漲，小島差不多快被淹沒了。女孩想爬到樹上，但體力不支。這時，正好一隻紅腳隼落在了附近的一棵樹上。

女孩便求他幫忙，紅腳隼說，「我給你一點神藥，把它抹在身上，剩下的全吃了！」

女孩照著他說的做了。沒等她把藥吞進腹中，她就變成一隻猴子，毫不費力地跳到了樹上。

這時候，老頭從占卜中預知，她的外孫將要降臨人間，於是他開始全身心施展魔力，進行忌戒（類似於元神出竅），一直到他的影子不得不和他分開時為止。有一天影子遇到一隻人身鳥首的怪物⋯⋯

老頭子從整個徵兆中判斷，必須到森林去尋找自己的外孫，只有找到外孫，才能找到自己的女兒。

太陽升起的時候，老頭子帶上弓箭，走入密林之中，他碰到許多走獸，每一隻都像是自己的外孫。後來，在河道分叉不遠的地方，他看到一隻鳥首怪物。這隻怪物凝視著太陽，喉嚨中發出一種驚鳴聲。老頭走到他的身旁，用

弓捅了捅他，說：

「我的外孫，我餓了。給你弓箭，去打獵吧。」

等了半天，見那怪物毫不理會，歐阿拉不再多說一句話，準備按原路回家。突然他停下來，心中嘀咕：

「誰知道他是不是我的外孫？不過，試試又何妨⋯⋯」

他回頭，變成了一隻巨大的蜥蜴。

鳥首怪物一看到蜥蜴，就變成一個武士模樣，對準蜥蜴的腦袋發出一箭，可那箭又折回原處。就這一剎那，蜥蜴隱身不見了。歐阿拉找到一個安全的地方，恢復了原形，輕鬆地出了口氣：

「他的確是我的外孫，差點沒把我射死。」

這時，外孫已聽從外公的吩咐去打獵回來，手中拿著一大串野物：

「外公，這就是我獵到的東西，」他說，「你造的箭真好，只有一隻蜥蜴從我手中逃脫，箭從牠的腦袋上折了回來。」

老頭拿起獵物去做飯，他煮好後，把外孫叫來：

「來吧，我的外孫，吃吧，」他說，「我有些累，想早點睡覺！」

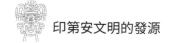

晚飯時，他注意到外公頭上有一道深深的傷痕，就問：「這傷痕從哪來的？」

「不小心被蚱蜢撞了。」

飯後，外孫在屋邊練箭，老頭跟往常一樣，在屋裡擺弄巫術想找女兒。這一次他面前的影像很清晰。歐阿拉看到自己的女兒變成了一隻猴子的模樣。後來才知道，大水把她趕到一個小島上，快餓死了。清早，他把外孫叫醒，對他說：

「快走，你母親要遭殃了，正等著我們呢！」

他們飛身登上小船，順河流而下。當他們抵達小島時，大樹已經有一半泡在水中。遠遠就可以看見，一隻瘦猴正坐在樹上，他們向她爬了過去。可猴子嚇壞了，急忙跳到另一棵樹上去了。

「我向她扔石頭，你把她的雙手抓住，免得她把小船砸碎了。」

於是，外孫站在猴子坐著的樹下面，老頭扔過去一塊石頭，猴子掉下來。在掉下的時候，猴子的身體像一張大帳篷一樣張開，把外孫罩在了裡面。歐阿拉回過頭來，看見女兒已經恢復人形，腹部隆起，正懷著她現在的這個兒子。

老頭子駕著船逆流而上，船走得飛快，靠岸的時候，老頭子說：

「現在你終於到家了，我的女兒。」

女孩吃飽喝足之後，睡著了。第二天黎明，她揉著眼睛對父親說：

「爸，我做了一個奇怪的夢……我夢見，我好像來到了一個高山的頂峰，我懷著的這個孩子就在那裡生出來了。他有一頭黑色捲髮，全身透明。他一生下來就會講話。飛禽走獸全都來了，興高采烈地歡迎他。傍晚的時候，他餓了，我又沒有奶，他哇哇大哭。我記得，當時有一群蜂鳥和蝴蝶在我們頭上飛翔，翅膀上帶著蜂蜜。他吃了蜂蜜，不哭了，還高興地笑起來。這時候，我覺得累極了，把他摟在懷裡就什麼也不知道了。」

「清早，我醒來時，他躺在離我一箭遠的地方。我向他伸出雙手，可群獸怒吼著，我嚇壞了，大聲喊我的兒子。這時，有一群蝴蝶把小傢伙舉起來，向我飛過來。我雙手接過孩子，蝴蝶就停在我雙肩上。各種走獸用爪子趴在我的胸前要親我的兒子。一種嫉妒的心情突然湧上心頭，我把他高高地舉了起來。可是，這麼多走獸緊拉著我，我站立不穩，摔了下來。他落在蝴蝶群中了。就在這一刻

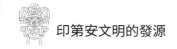

我醒了過來。我的夢就像真的一樣,因此,我四下尋找兒子。」

老頭聽完,一聲不吭。他嘀咕著:「這夢實在太美了!可夢裡的高山究竟在何處呢?」「不知道,」她回答說,「我只記得,高山的旁邊有一條河。」

於是,老頭又求助於巫術。他知道,他女兒肚子裡所懷著的孩子將要成為世界的主宰,而且今夜就要降臨人間。

黑夜籠罩了大地,夢神又把歐阿拉的眼皮緊緊閉合。

半夜裡,林中的走獸全部醒了,在樹林中來回走動,唱著歡樂的歌。天上傳來沙沙的聲音,就像風兒吹過一樣。這不是風聲,是百鳥彙集,他們正在尋找這新生的嬰兒。

拂曉時分,老頭醒了,他不知所措。他戰戰兢兢地問群獸,出了什麼事情。

「天地萬物的主宰和統治者波羅諾明納列誕生了!」

「哪兒?他在哪兒?」老頭問。

「在特魯巴喬山!特魯巴喬山!」

歐阿拉立刻趕到特魯巴喬山。可是山腳下聚集的百獸

如此之多，使他寸步難行。於是他又變成蜥蜴，繼續往前走。

波羅諾明納列坐在高山之頂。他手裡拿著一個獵人用的菸斗。就在這一天，他把土地分成許多塊，使大地各種生靈各就其位，各得其所。

第二天，特魯巴喬山一片寧靜。只有在太陽升起的那一邊，在那遙遠的地方，傳來陣陣歌聲，那是世界主宰波羅諾明納列的母親在唱歌！

## 阿茲提克人的宗教信仰

阿茲提克人崇拜很多的神，最主要崇拜的神是「羽蛇神」，他的名字叫魁札科亞托。他們還信奉雨神特拉洛克，信奉戰神維齊洛波奇特利。此外，他們還和所有的印第安人一樣，崇拜玉米神、土地神，他們還信奉春神、豐收神和生殖神等。

他們還認為，所有的河流、湖泊、山泉等，都有一位特拉洛克神，有一位最高的特拉洛克神，是所有的特拉洛克神的統帥。

由於阿茲提克人商業的發達，商人們還崇拜一位亞卡蒂庫特利神，這是一位商神。據說，他能夠給商人們帶來

好運。商人們都把他畫到紙上,再貼到旅行的手杖上,他們走到哪兒,便要帶到哪兒。他們每到一個地方,住下來,便供上亞卡蒂庫特利商神,進行虔誠地跪拜、祭祀,燒香、放血,乞求保佑他們發財、平安。

阿茲提克的每一個部落,還都有一位神,如:特諾奇提特蘭部落的保護神是「南方的蜂鳥」——「維齊洛波奇特利」;特拉斯卡拉部落的保護神是戰神和狩獵之神「特斯卡特利波卡」。大約到了 16 世紀,戰神「特斯卡特利波卡」已經成為各個部落共同信奉的萬能之神。他恐怖、殘酷,手持寶鏡,能夠洞察世上所發生的一切。他經常用各種的災難懲罰地上的人,人們不得不用活人的血和心臟向他獻祭和祈禱,以求得終年風調雨順,五穀豐登,乞求太陽每天都能夠從東方升起。

阿茲提克的「人祭」,主要是戰俘。每次戰鬥勝利後,都要將大批的戰俘,獻給戰神「特斯卡特利波卡」。阿茲提克人祭祀時,都要舉行歌舞,舞蹈的人都戴著假面具和各種裝飾,披著獸皮,一邊舞蹈一邊用鼓、哨子、海螺等伴奏。

阿茲提克人流傳著一個「人祭」的故事:

有一個被俘虜的部落酋長,他被置於一個高臺之上,

準備用來作活人祭的犧牲。獻祭前，主持祭祀的人，讓他拿著一把用羽毛做刀鋒的武器，還有一個一戳就破的盾牌，同五名全副武裝的戰士進行搏鬥。這個酋長英勇無敵，以大無畏勇敢的精神，將五戰士全都打敗。阿茲提克人驚於他的勇敢，決定將他赦免，並叫他去擔當指揮官。但是，他拒絕了，他寧願去當「人祭」的犧牲。因為阿茲提克人認為，這同戰場上的犧牲一樣，是一種光榮。他們犧牲後，靈魂將升入天國獲得永生；他們的鮮血，將化成太陽的一部分，永遠地普照著大地，光彩奪目。

阿茲提克人有眾多的祭司，僅首都特諾奇提特蘭城，就有五千多祭司。他們有專門培養祭司的學校，用以教授宗教的儀禮、占星術、天文、氣象、醫學和數學，還教授部落的歷史和神話傳說等。只有貴族和祭司的子弟，才能進到祭司的學校裡去學習。

## 阿茲提克人的文字

阿茲提克人的紙，是由無花果樹皮下的一層纖維薄片製成，其中光滑的使用來做書頁。字和畫就寫在這種薄紙上。當時，這種紙很昂貴，被征服的部落，常把這種紙作為貢品。

　　阿茲提克人在許多方面繼承了馬雅文化和托爾克特文化，他們的文字主要是圖畫文字，也有一些用於表達地名、曆法日期等的表意符號，和表意符號詞語的象形文字，但數量極少。圖畫文字，少部分是表示一個句子，而大部分則是繪畫出一系列情節。每一個場面，都表示一個完整的故事。有一些文字的手抄本，主要是記載宗教曆法、貢賦、歷史大事記和教育兒童等內容。阿茲提克人的歷史大事記有兩種：一種是特諾奇提特蘭大事記，主要記載的是阿茲提克人對外征戰的經歷和統治者生死的情況；還有一種是特斯科科大事記，記載著這個地區發生的重大事件，和各個部落的活動情況。

### 阿茲提克人的服飾

　　阿茲提克人喜愛裝飾，無論男女，都喜歡戴大耳環；貴族們則戴上各種羽毛妝成的豪華頭飾。男子在鼻子中隔的地方，還要吊上一種特殊的垂飾。重大的節慶日，祭司、貴族們都戴上項鍊、手鐲和金子、玉石等質地的漂亮的垂飾。他們和馬雅人一樣，喜歡將全身塗上紅、黃、藍、黑等各種顏色。

　　阿茲提克的男子上身都披著披肩，而下身則圍著一條

寬頻；女人愛穿裙子、白色的長背心，都綴有精美的繡花。貴族和祭司們都戴著有羽毛的斗篷。阿茲提克人對鞋很講究，有各種的質地和式樣，貴族們都穿用金線縫製的鞋，而一般人則穿獸皮質地的皮鞋，或者是拿龍舌蘭纖維編制而成的草鞋。有的鞋，製作得極為精緻，拿獸皮製成鞋面，而鞋底，則是用龍舌蘭纖維製成的。此外，還有麻鞋和棉鞋等。

## ◖ 阿茲提克人的生活習俗 ◗

阿茲提克人用蘆葦編成籬笆牆，抹上泥，用龍舌蘭的葉子和雜草蓋成房頂，便是居住的房屋了。若是用石頭和土磚砌起的兩層小樓，一定是比較富裕的人家。貴族的房屋比較闊綽，要先建好土臺，再在土臺之上搭建房屋，均用木柱子支撐。臨街的牆開有窗戶，戰鬥的時候，如同是一座雕堡。屋內用布帳間隔成若干的小房間，一般可以住一到兩戶（也有三戶）人家。阿茲提克人把屋子刷成白色或紅色，清潔漂亮，極為美觀。這些貴族房間的裡牆，大都掛有一種裝飾品，是一種用塗成鮮豔色彩的棕櫚葉子而編織成的席子。

玉米是所有印第安人的主要食物，阿茲提克人也不例

外。他們主要是把玉米做成餅和粥，做的時候，要先把玉米放進熱水裡泡開，再拿到石磨上去輾，輾成微黃的玉米漿，把漿用樹葉包起來，再放到火上去烤，直到烤得香味四溢，再剝開樹葉，便是金燦燦的玉米餅了；他們也把玉米漿盛到瓦罐裡，放到火上去煮，便能熬成稀粥。吃肉有兩種辦法：一是在肉上抹面，放到火裡烤；另一種是放到瓦罐中，加上水煮。他們對飲食很講究，用鳥肉和魚肉做餡餅，用各種禽蛋做蛋糕，還用魚做成各式各樣的魚製品。蔬菜也極為豐富，有洋蔥、大蒜、韭菜、莧菜、水田芹、琉璃苣等。阿茲提克人做飯時，最愛用的是辣椒，也愛用蜂蜜和龍舌蘭汁熬成的糖。他們最愛喝的飲料有兩種：一種是用南方的可可中提取的「巧克力」，還有一種，是用龍舌蘭汁發酵而成的「奧克特」。

　　貴族和統治者的飲食，可謂豐盛至極，土裡長的，水裡游的，地上跑的，天上飛的，都變成他們盤中的美餐。蒙特蘇馬王的膳食極為奢侈豪華，每頓用膳都是三道菜，每一道菜，都要 300 個，每一頓飯都要吃 900 個菜。而且席間要有 300 名侍候的侍者，還要有 300 名斟酒的侍者。在第一道菜上來的時候，要有 5 到 6 位德高望重的長者，陪侍在蒙特蘇馬王左右。第一道菜吃過後，要撤到另外的

一座豪華的大廳中，那兒早已坐滿了 100 名大貴族。待這
100 名大貴族享用過後，這些菜再撤到另外的一個豪華的
大廳中。大廳中已經坐滿了等待享用這些菜的 200 名中上
等的貴族。待他們享用完後，這 300 個菜，還要再端到另
外一個豪華的大廳中，因為那裡還有 200 名下等的貴族在
等待著。三道菜都要按照程式端上撤下，依次進行。他們
喝的酒是用水和可可粉合制而成，清香可口，營養豐富，
卻不易使人醉倒。

　　阿茲提克人有很多的瓷或陶的器皿，有被人們稱為
「希卡拉斯」的華麗非凡的高腳器皿，有色澤鮮豔、精緻
美觀的茶具和餐具。他們還用拉巴木果，做成一種質地堅
硬而耐用的葫蘆狀的器具，內外壁都塗著各種色彩，別具
一種風味。他們都用罐和壺，盛裝食品和飲料，它們的上
面，都塗有彩釉。

　　阿茲提克人的習俗中，最獨特的，莫過於交戰習俗和
騎士授銜儀式。

　　阿茲提克人崇拜戰神，所以勇武好戰。如果一方有挑
釁行為，另一方則要求對其賠禮道歉，歸還被劫掠去的財
產。如果對方送還搶去的貴重的羽毛、衣物及金銀等，便
和解。如果遭到拒絕，便會引發戰爭。

交戰時，雙方的首領分別敲起小鼓，吹起螺角號，發動進攻，在戰場上，都在抓俘虜，用來獻祭。

騎士的授銜儀式，是一種古老的傳統。

受銜儀式舉行前，要提前 2 到 3 年開始通知，邀請受銜人的家屬、朋友、正式的騎士和貴族。日期是由全體的參加者，共同選定一個良辰吉日。要先搭好祭臺，儀式一開始，人們把受銜的人抬到祭臺上，所有的人都面朝著神像虔誠地跪下。一位大祭司拿著虎骨或者是鷹爪，在受銜者鼻子的軟骨穿幾個小洞，把幾個小黑石子一個個地塞進去，人們便開始一邊說難聽的話侮辱著他，一邊開始扒他的衣服，直到扒得僅剩下一條小短褲，接著把他抬到寺院的一個屋子裡，讓他徹夜不眠地看護著聖體。這時候，在主神廟裡，正舉行著盛大的宴會，招待各方前來的客人。到天黑的時候，祭司給受銜者拿來一個粗布的披風，一領粗製的席子，以作休息之用。接著，還用龍舌蘭扎破他的耳朵、舌頭、胳膊和大腿，拿紙擦去淌出的血祭神，並把擦血的紙，埋到寺廟的四個角落裡。受銜者要終日守護著聖體，在 4 天的儀式中，有的只喝口水，也有的吃一點玉米餅。有 3 位驍勇善戰的長者，開始專門向他傳授技藝和戰爭經驗。4 天以後，受銜的人開始去其他的寺廟，進行

同樣的儀式。就這樣一個寺廟一個寺廟地走，舉行著相同的儀式，一直要用一年多的時間，才能夠正式進行受銜。

人們再一次選定吉日，同樣把受銜者抬到高臺上去，扒掉他身上的粗布披風，換上一領上等的披風，外面再加上一套繪著圖案、質地優良、色彩鮮豔的披風。受銜的人左手持弓，右手拿著一支箭，大祭司開始向受銜者進行訓示，要受銜者永遠牢記，一名騎士要勇猛果敢，無所畏懼地去保衛自己的族人、土地、宗教和祖國！最後，仍然是盛大的宴會，人們都圍坐在寺院裡，飲酒慶賀，還有人擊樂助興。受銜的人，還要向大家和祭司贈送高貴禮物，以示富有。受銜者，自此成為了一名新的騎士。騎士有很多的特權，無論是什麼時候，他們的座位總是排在眾人的前面，隨身總是要帶著一個小童，小童的手裡還搬著一把椅子，便於他隨時可以坐在他想要的地方。

## ◢ 阿茲提克人的建築 ▶

阿茲提克的首都特諾奇提特蘭，便是一座規模宏大、建築藝術高超的城市。城內舉目便是紅色或白色的古屋（貴族房屋），隨處可見屋頂花園和水上浮動的花園。幾萬幢房屋，瑰麗壯觀，白光耀眼（建築物都塗有石膏）。阿茲

提克人修建的廟宇和大金字塔，幾乎遍及所有的城市。巨大的金字塔都是用方形石塊築成，並用石頭雕像和各種浮雕進行裝飾。金字塔呈梯形，四面都有階梯相通。塔頂的平臺之上，便是高高在上的廟堂。3 條用三合土修築的 11 公里長的湖岸石堤，是特諾奇提特蘭的一大獨特的景觀。

## 阿茲提克人的藝術

阿茲提克人的藝術成就，主要體現在雕塑和羽毛工藝品上。

雕刻作品從內容上分兩大類：一類與宗教有關，代表作為巨大雕像「夸特利奎女神」的神像 ——「維齊洛波奇特利」的母親雕像。這類作品，都具有象徵主義和公式化的特點；另一代表作為「太陽石」（計時的日曆），是一件極為珍貴的雕刻藝術品。

跳舞的猴子陶器印模造型，在阿茲提克文化裡象徵生命的歡樂和縱慾的危害。「太陽石」是用橄欖石精工雕刻而成，原石料為邊長 3.77 公尺的正方形，厚 0.84 公尺，重 5.24 噸；雕鑿凸出的部分，高出石面 0.20 公尺，直徑 3.58 公尺。「太陽石」中央雕刻著托納蒂烏太陽頭像，眼睛橢圓，鼻大口方，舌頭外露，頭髮下垂，耳上垂著耳環，

前額上有兩條寬飾帶。圍繞著托納蒂烏太陽頭像周圍的雕刻，都是計時曆法的圖案。在「太陽石」的外圈，刻有兩條羽蛇，頭在曆石的下部，尾巴卻居於上端。頭的四周有 8 隻眼，喉嚨處有兩個頭像（傳說為兩個形象不同的火神，也有的說是阿茲提克的兩個國王）。「太陽石」的最外邊，是象徵著星移斗轉的許多圓點。

月亮女神石雕（1977 年發現），是可與「太陽石」相媲美的另一件珍品。其直徑超過 3 公尺，重約 10 噸，其形象頭、手分離，肢體破碎。傳說「月亮女神」想要謀殺她的母親「地球女神」，被她的哥哥「太陽神」發現了，為了挽救地球母親，便將妹妹肢解了。墨西哥考古學家認為，雕刻精美的「月亮女神」，是墨西哥迄今為止所發現的最好文物之一。

另一類雕刻，是具有現實主義創作傾向的藝術，如「雄鷹戰士」、「無人頭」頭像等。

阿茲提克人最優秀的藝術品，是羽毛工藝品。人們用羽毛做成各種工藝品，有人物、鳥獸、披風和祭司的衣服、工冠、拂塵等，上千種不止。他們精選出各種羽毛，分盒盛裝，作畫的時候，根據需要，去不同的盒內取出不同的羽毛，貼到畫板或畫布上。比如：拼貼人和動物

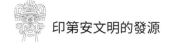

的眼睛，用黑白兩種羽毛；表現人的皮膚，用肉色的羽毛；表現華麗的披風、山石和各種花草樹木，用紅、綠、金、藍、深藍等多彩絢麗的羽毛等，形象逼真生動，呼之欲出。

阿茲提克人對創作有深入的研究，從各方面、各種角度、用光等去細心揣摩，使作品在不同的時間（白天、黑夜、陽光下、暮色）色彩出現不同的變化，可謂巧奪天工。

阿茲提克人在繪畫上，也取得了較高的成就（水準比馬雅人低）。一些抄本中描述歷史事件的圖畫，輪廓均勻，線條清晰，也是藝術的珍貴作品。另外，一些從屬於阿茲提克的部落，也創造了很多不可多得的優秀藝術，如：託納克人築造的巨大石雕像神龕，遍身刻有寓意的浮雕；黏土製作的「笑面人頭像」，薩波特克人、米什特克人的彩色陶器、金銀首飾、羽毛製品等。

## ◀ 阿茲提克人的天文 ▶

阿茲提克的曆法，與馬雅的曆法相似（一年 365 天）；他們還有一種教曆，與馬雅曆完全一致，把每年分成 13 個月，每個月 20 天，全年一共有 260 天（阿茲提克人認為時間有始有終，只要虔誠敬神，時間便會周而復始。阿茲提

克的兩種曆法，每隔 18,980 天便重合一次。阿茲提克曆為 52 年，教曆為 73 年，時間到了盡頭，重新開始新的循環）。

太陽石，便是一種曆法石，也是阿茲提克的一部曆法。太陽石據今已有 500 多年，重 5 噸，是用整塊岩石雕鑿而成。中間是托納蒂烏太陽神像，神像外圍第一個圓環分 20 等份，用風、水、鱷魚、蜥蜴、鷹、蛇、兔、狗、猴等 20 個象形文字，代表每月的 20 天；神像之外的第二個圓環，內有 52 個小方框（表示年），有 40 個小方框在明處，12 個在「∧」符號底部，方框中有「5」代表星期。每年的天數，合計為：5×（40+12）=260 天。阿茲提克人認為，人類在史前，已經歷了風、火、水、土（也有風、虎、洪水和火）等 4 個太陽時代，但這 4 個時代，都在氾濫的大洪水中結束了。

阿茲提克日曆石，但並不是真正的日曆而是他們用石塊記錄下的對宇宙的認知，描繪了他們想像中的第五個太陽時期的景象。

## ◣ 阿茲提克人的數學 ◢

阿茲提克人在幾何學上，取得了很高的成就，在挖掘的文物中，到處都能見到很多豐富的幾何圖形。

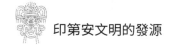
阿茲提克人的計算精確，這在他們的天文曆法中，已經得到了充分的證明。他們對數學極為重視，在他們開設的學校、甚至是專門培養祭司的學校中，也都開有數學課程。

## 阿茲提克人的醫學

印第安人在醫學上，取得的成就是巨大的。

阿茲提克人在盛行巫醫的同時（使用祈禱、符咒治病），也廣泛地應用草藥治病。他們用洋地黃治心臟病，用金雞納樹皮治瘧疾，還用一種「亞烏特利」植物作麻醉藥物。《古代墨西哥人藥物考》一書中，記載了古阿茲提克能夠入藥的樹根、樹皮、樹葉、花朵、果實、果仁，以及動物、魚類等 800 多種。西班牙入侵者曾經向國王呈報：「不必派醫生到西班牙來，這裡的醫生運用他們的植物知識治病，即快又好。」

## 阿茲提克人的教育

印第安人已經有了專門從事職業教育的學校。阿茲提克人的學校已經設有了很多科學課程，比如數學、天文學和氣象學；他們有專門培養祭司的學校 —— 「卡爾梅克

卡」，學生都是貴族祭司的子弟。開設的課程主要有宗教
禮儀、文學、占星術、氣象學、醫學、數學、歷史和神話
傳說。

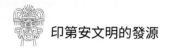印第安文明的發源

# 南美洲的印第安文明
## ——印加文明

## ▋「黃金國度」中的文明 ────────

　　印加文明是美洲大陸最大的文明中心，被後人稱為「新世界的羅馬人」。印加人是生活在安第斯山區，即現在厄瓜多、玻利維亞、秘魯和智利北部一帶的印第安人。印加人是奇楚亞語系的部落之一，印加最高統治者權威極高，被視為太陽的化身，被尊稱為「曼科・卡帕克」，本來含義是「首領」或「大王」的意思，現在意為「太陽之子」。印加帝國的一切都令人迷惑，關於黃金和財寶的傳說使這裡披上了金黃的色彩。西班牙人到來後，以「印加」一詞指稱這個國家及其居民，至今已是約定俗成了。早在西元前 1000 年左右，生活在今秘魯和玻利維亞高原地帶的印第安人就已進入了定居農耕的階段，並創造了一系列古文化，其中較為著名的有查文文化、帕拉卡斯文化、納斯卡文化、莫契卡文化、蒂亞瓦納科文化、瓦里文化等。人們一般將這些文化統稱為前印加文化。

　　後來的印加人原為印第安人中克丘亞人的一支，居住在秘魯南部高原，以狩獵為生。幾乎像所有的古代國家一樣，印加帝國的來歷也是一團神話的迷霧。據傳說，有一段時間，秘魯的古代居民生活在一種無政府的混戰狀態

中。不忍心看到這種墮落的太陽神，把自己的一雙兒女曼科・卡帕克和馬奧克約派了下來，向居民頒布戒律和法規，並教他們如何理智而文明地生活。

這兄妹倆同時也是一對夫妻。他們帶著太陽神父親交給他們的一個金楔子，於西元 1000 年左右（一說為西元 1200 年）率領部落向北遷移，他們穿過了環繞的的喀喀湖的高原。最後到達了庫斯科地區，這個金楔子能夠輕而易舉地進入地下的地方，就是他們所要尋找的棲息之地。在進入庫斯科山谷不久，他們發現了目的地，因為，那個楔子進入了地下，而且永久地消失了。

比爾卡諾塔河（現稱烏魯班巴河）穿越印加人的聖谷——庫斯科峽谷，流經南美洲的古都庫斯科地區，再經已消失的神話般的馬丘比丘城，然昌昌古城遺址位於秘魯太平洋沿岸的荒莫地區，從現存的殘垣斷壁仍可以看出當年的繁華景象。後與烏卡亞利河匯合，最後注入亞馬遜河。

從此，曼科・卡帕克和馬奧克約就在此定居了下來，並以此為中心，逐漸向外擴張，占領整個庫斯科河谷。13世紀，印加部落開始崛起，在庫斯科谷地建立了很多個小國。印加國本名叫「塔萬廷蘇尤」，意為四方之地，首都是

庫斯科。全國按方位分為四大行政區,它們是:西北方位叫欽察蘇尤,包括厄瓜多、秘魯北部和中部;西南方位叫庫蒂蘇尤,包括秘魯南部和智利北部;東北方位叫安蒂蘇尤,包括東部森林和烏卡亞利河一帶;東南方位叫科亞蘇尤,面積最大,包括現今玻利維亞大部分國土、阿根廷西北山區和半個智利。

15 世紀起印加勢力強盛,極盛時期的疆界以今秘魯和玻利維亞為中心,北抵哥倫比亞和厄瓜多,南達智利中部和阿根廷北部,首都在秘魯南部的庫斯科。15 世紀中葉,印加人在部落聯盟的基礎上,建立了印加古國,並逐漸形成了強大的帝國。

傳說印加在亡國前共歷 12 個統治者,15 世紀初第 8 代王維拉科查時,印加人的勢力在安第斯山地區逐漸強大,從這時起印加印加王人有較確切的歷史編年。隨著印加國勢日漸強大,到了第 9 代王帕查庫蒂克(西元 1438 ～ 1471 在位)時,開始對外發動戰爭,先後征服了阿班凱、昌卡、卡哈馬卡、納斯卡、利馬、契穆等,疆域在不斷地擴大,向北已經推進到基多;向南,到了毛萊河。印加人最終征服了整個印第斯山中部地區,建立起了強大的印加帝國。其子圖帕克・印卡・尤潘基(1471 ～ 1493 在位)征

服奇穆文化地區（今厄瓜多），後又擴張到秘魯南部沿海地區。到了 16 世紀初，11 代王瓦伊納‧卡帕克（1493 ～ 1525 在位）時，印加人征服整個安第斯地區，建立起強盛的國家，版圖已經擴大到面積 200 多萬平方公里，形成了南北 4,000 多公里，人口 600 多萬的美洲空前強大的帝國。在瓦伊納，卡帕克的統治下，帝國達到頂峰。

印加帝國是一個奴隸制國家，國家以庫斯科為中心，向外分為四個區域，每個區以下分若干省，省以下分若干愛利尤（相當於氏族或氏族公社），透過驛道、驛使來管轄地方的官吏和事務。為鞏固政權，印加帝國制定了法律，並把部分征服的部落遷移異地，還推行統一的語言，把「奇楚亞語」定為國語。

印加王是最高統治者，被認為是太陽神在人間的化身。他集立法、行政大權於一身，為軍隊的最高統帥和首都庫斯科太陽神的首席祭司長，短髮和象牙權杖為其特權和高貴的象徵。王后被稱作「科利亞」，王室貴族實行一夫多妻制，國王死去，其妻妾、奴僕要獻祭或者殉葬。王位繼承人，只能在正妻諸子中選任，還要聽取貴族議事會的意見。除了王后妃子和國王的姐妹外，他人不能正視國王。臣民們在參見時，必須赤腳行走，身揹著木柴，眼睛

只能看著地面。每當國王到全國巡視，都要坐轎，每當掀開轎子的簾幕被臣民們看到的時候，人們便唬得發出震天的呼叫，喊聲連空中飛翔的鳥兒都被驚落。

印加人必須服從王的意志，沒有王和官吏的允許，人們不得擁有私人財物，連穿兩件衣服，殺一隻羊，或隨意地吃東西也不行。如果臣民保護不了自己的妻子兒女，王公們便殺死他們的孩子作祭品，也可以奪走他們的妻子。

貴族組成的理事院，可以確定王位繼承人人選；貴族可以出任廷臣、四大行政區長官和地方官，還可以任祭司。祭司享有各種特權，享受著太陽神土地的收入，卻不受地方官的管轄，而直接歸屬首都庫斯科最高祭司統管。

被征服者的地位低下，他們除了要交納賦稅外，還要為國家服徭役。男人被徵去架橋築路、修建水利、寺廟、碉堡等，這種人，被稱為「米達」。被征服者的女人要交納紡織品，漂亮的被選去做國王或廷臣的妻妾。有的成為「白面中選者」，被送進寺廟中做「太陽貞女」。他們中的氏族貴族還有一定的特權，他們的份地由社員耕種，有一份額外的牧畜，有女奴為其紡紗織布，還監督著社員為太陽神、印加王和孤寡及服役士兵的土地耕種。但他們仍然屬於統治者的奴隸。被征服者中還有一部分「雅納庫納」，他

們是被挑選出來的，有男有女，屬於一個確定的主人，他們中大都是雜工、僕役、紡紗工、織布工、刺繡工和手工業者。

印加人的基層社會組織是農村氏族公社（ayllu）。耕地歸公社所有，分三部分，分別屬太陽神、國王和公社成員，產品用於供應祭祀和祭司生活需要、政府和軍隊開支以及維持公社成員生活，所有土地均由公社成員耕種，但耕作時需先種太陽神和國王的土地，然後耕種村社成員的份地和歸村社所有之田。每征服一地後，均實行米蒂馬耶制度，強迫被征服部落遷移到新地方，並移入忠於印加的居民進行監視。強迫被征服各族使用官方語言奇楚亞語，同時把各地區統治者的子弟召來庫斯科作為人質，以鞏固帝國的安全。帝國內實行勞役制，25～50歲的男子均需服勞役。公共工程的興建透過輪流抽調壯勞力的米塔制勞役形式來完成。被征服地區居民中的年輕力壯者則被選出從事某些特殊勞役，處於奴隸或半奴隸地位，因此有人認為儘管印加帝國還保留有許多氏族制殘餘，但已進入早期奴隸制社會。

印加國實行中央集權制。都城庫斯科號稱「世界中心」。國王是政治、軍事和宗教的最高首腦，被尊為太陽神

在人間的化身。印加國君依靠軍隊和行政機構對全國進行
有效的統治。整個社會經濟生活也被納入國家強化管制之
中。國王常到各地巡行，地方長官則每隔一定時期被召到
首都報告政務。

西元 1531 年，瓦伊納‧卡帕克死後，長子瓦斯卡爾與
異母弟阿塔瓦爾帕為爭奪王位而發生內戰，阿塔瓦爾帕與
軍隊領袖結盟，擊敗瓦斯卡爾，但戰亂使雙方傷亡極大，
加之此時瘟疫流行，國家元氣大傷。西元 1532 年，西班牙
殖民主義者侵入印加帝國，誘捕並處死國王阿塔瓦爾帕，
立曼科‧卡帕克二世為印加王。西元 1533 年，西班牙殖民
軍圍攻印加首都庫斯科。次年 11 月，占領首都庫斯科。西
元 1536 年，曼科‧卡帕克二世發動反對西班牙人的起義，
西元 1537 年被鎮壓，曼科‧卡帕克二世被迫逃亡，但其他
起義者的反侵略鬥爭一直延續到西元 1572 年，才被西班牙
殖民軍完全鎮壓下去。

# 印加人的農業

　　大約在西元前8000年至西元前3000年間的石器時代，在綿長亙古的安第斯山中，居住著眾多的印第安人。由於氣候的影響，他們大都居住在海拔3,500公尺以上的山區。安第斯山中部的地區，氣候乾燥，降雨量極少，又沒有長江大河流過，沿海地區由於缺水而造成大片的沙漠。梯田只有在山間有溪水流過的高山谷地和半山地，才可以種田。海拔4,000公尺的高山草原，也曾經有人在那裡生活過。

　　到了6世紀，安第斯山區以及周鄰沿海一帶，生活著100多個部落，最大的有克丘亞、艾馬拉、莫契卡和普基那等。

　　印加人生活在安第斯山脈的各個谷地裡，坡陡山峭。一進雨季，雨水便順著山勢傾瀉而下，把田地的土層沖走，只剩下一片裸露的岩石。而到了旱季，卻又乾旱缺水，莊稼難以生長，印加人於是便努力地開始修築梯田，一方面用以保持水土，一方面又可擴大耕地面積，同時提高種植技術，在有限的土地裡進行精耕細作。

他們修築梯田的辦法，是在坡前和兩側，先砌起三道堅固的石牆，稍向內有些傾斜，用以支撐泥土的重量。然後，再用泥土填平，形成平整些的梯田。在這梯田的上面，再建起第二塊、第三塊……，一層層的梯田沿山而上，修遍整座的大山，每個山丘都像是層層的臺階，十分壯觀。

　　同時，印加人還挖掘並用石板修築灌溉渠道，把水從山溪引入渠中，再灌溉進田裡，既能把水引到很遠的地方進行灌溉，又防止了水土流失。修建梯田和遠端水利灌溉工程發達，最長的水渠長達 113 公里。後來進入印加帝國時期，國家任命專人負責這項水利技術。他們修築的這些水渠都極為堅固，許多至今仍然完好。

　　梯田的水利系統印加人的耕地，全部都是用人耕作。耕具主要是用「塔克利亞」── 一種長 180 公分的木橛。木橛頂端安裝有青銅的尖頭，在尖頭的上面約 30 公分的地方，鑲著一個橫突，作為踏腳的地方。翻地的時候，用腳踩著橫突，便能使尖頭插進地裡，旋轉一下拔出，用以進行深耕。這種木橛，至今仍然在秘魯的部分山區在使用著。婦女們則用一種名叫「馬卡納」的錘子打碎土塊，用鋤頭「拉烏卡內」掘孔和培土。她們使用的工具，還有青銅齒鐮等等。

人們要給玉米施肥。在庫斯科谷地和附近高坡，他們給玉米施人糞——這是上等肥料。平時，人們要把糞晒乾碾碎，等到播種時候使用。氣候寒冷的地區，無法種植玉米，他們就飼養羊駝和駱馬，但不用於耕作。人們主要使用他們的糞便種植馬鈴薯等作物。在沿海地區，人們使用海鳥糞做肥料。那裡的鳥碩大，糞便多，有時堆得像小山一樣。人們都保護著這些海鳥，嚴禁人在鳥的繁殖季節進入這些島嶼，對違規和殺害鳥的人都要處死。

印加王把這些島嶼都劃分給各個村子，各村莊再根據施肥的需要劃分給人，對侵占他人和肆意亂取糞肥者，均給予嚴懲。

印加人重視農業，主要農作物是玉米。除種植玉米外，印加人還培養出了芋、馬鈴薯、木薯、番薯、木瓜、南瓜、胡瓜、花生、番茄、菜豆、鳳梨、可可、辣椒、草莓以及龍舌蘭、胭脂、蘭錠等40多種作物，這些當時在舊大陸還沒有。

印加的土地屬印加王所有，支配的權力卻在愛利尤（相當於氏族）。耕地分為三個部分：太陽神土地、印加土地和公社土地。這些土地都是由農民共同耕種。太陽神的土地收穫後歸祭司，供祭司和宗教活動使用；印加土地的

收穫歸國庫即王室所有；公社的土地又分為兩部分，一部
分為儲備之用，如公共活動和賑濟孤寡等；另一部分分給
家庭。沒有子女的男子可以分得一份「份地」，待有了孩
子後還可再分得一份。若生的是女孩，便只能分得半份的
「份地」。除了「份地」外，每個家庭還都有一塊世襲的土
地，如園子、宅基地等，這實際上是屬於私有的土地。各
公社除了耕地之外，還有牧場，還有一些休閒的土地。

　　耕種者要首先耕種太陽神的土地，再去耕種孤兒寡
母、老弱病殘和服役士兵的土地，然後再耕種自己的份
地，再後是首領的土地，最後是印加王的土地。如果有人
先耕種了首領的土地，便要處以絞刑。耕者自備食物，如
果缺少種子，可由公社的儲備中供給。

# 印加人的神話

## ◖ 帕查卡馬克 ◗

很久以前，在今天秘魯的土地上，仍然棘荊叢生漆黑一片。既看不到光明，也沒晝夜之分。正好有一天，創世主帕查卡馬克（在印第安通用語中，「帕查卡馬克」即「賦予世界生命的人」的意思）來到這裡，心血來潮，便隨手造就了第一批人類以及飛禽走獸。然後便來到一個風景獨秀的湖泊中隱居歇息，這湖就是今天的的的喀喀湖。

此後又過了很多很多年，帕查卡馬克打算回到宇宙中遙遠的居處去，便從湖中走了出來。此時的大地仍然一片漆黑，他所創造的那批人雖然已經開始了原始的生活，但不僅不懂得向賦予他們生命和靈魂的創世主感恩戴德，而且連最起碼的敬畏之心都沒有，整天指天咒地，抱怨這抱怨那，甚至向走出湖面的帕查卡馬克扔石塊、吐口水。帕查卡馬克一怒之下，把他們都變成了石雕像，有些正朝著湖的方向一邊走，一邊指指點點，有的正在涉水過河……

等心平氣和之後，帕查卡馬克仔細回味了那些野蠻人的抱怨，的確是自己的一時疏忽，不禁對自己的行為有些

懊惱和後悔。於是便決定重新來過，只是這次有了比較周詳的步驟和計畫。

首先，他回到湖中小島的小山洞裡，召集眾神商討有關給黑暗中的世界帶來光明的事宜。經過眾神推薦，帕查卡馬克決定由孔蒂拉雅·維拉科查男神和基利亞女神兄妹擔此重任並結成夫妻，由孔蒂拉雅太陽神司白晝，以金星為前驅後衛，風雨雷電為僕役；月亮女神基利亞司夜間照明，昂座七星為僕役追隨左右，並准許基利亞從每月抽出三天主理太陽宮中事務以盡主婦之職。帕查卡馬克分派完畢，囑咐他們道：

「賢兄妹夫妻不辭辛勞，以自己的光和熱哺育世間萬物，堪稱萬物生靈之衣食父母。為酬謝二位的奉獻精神，賢兄妹夫妻之長子女及其後代當為此一方土地之主人，以施教化之功，恪儘教化之力，以曆數十二為期，切記！切記！」

帕查卡馬克指令太陽和月亮由東往西，交替執行，並約定當太陽升起的第一束光線照射進的的喀喀湖中島上小山洞時，即為新人類生命的開始。

這一切工作完畢以後，帕查卡馬克神就按照人的模樣雕刻了許多石像。有一般百姓的石雕像，也有將來統領這

些人的首領像，還有許多孕婦和帶著孩子的婦女以及許多尚在搖籃中的嬰兒石像。這一切都是石頭做成的。他把這些石像放在一邊，然後，在另一邊同樣也做了許多石頭像。然後，指令眾神，在那些石像上刻上名字，並告訴他們哪些人該在哪些地區居住，繁殖後代，並約定，在太陽之子對這些人施予教化之前各自奉他們為自己的偶像……

　　當太陽從東方升起時的第一束光芒照亮了小山洞，世界上一群新生命就這樣誕生了。

　　帕查卡馬克把其中兩個人留在自己身邊，對祭祀太陽是印加古老的傳統。今天的秘魯人依舊承襲著祖先的遺風。其他那些人說：「你們走吧！朝著太陽落山的方向走去，把那些人們從溪泉、河川、山洞和林莽中呼喚出來，並教給他們生存的技巧。」這批人便出發了。他們分別按神的意旨到他們指定的省份去。他們一到那裡，就呼喚著石像上的名字並高聲宣諭：「你們出來吧！就居住在這塊荒無人煙的土地上，這是創世主帕查卡馬克的旨意！」於是，恰如帕查卡馬克所說的那樣，人們便從四面八方跑來了。從此，這塊土地上才有人居住。

　　帕查卡馬克待這一切都按照他的意圖安排妥當以後，又對留在自己身邊的兩個人說：「你們倆是太陽神的第一

束光線所賦予的生命，在你們倆的身上有著太陽神的意
志，你們的子孫，將輔弼太陽神之子成就功業，成為印加
王族的一分子，你們要切記！切記！好了，你們也照著他
們的樣子去把人們喚出來！」他讓二人朝著欽查（北方）和
昆蒂（西方）分道而行然後到西北方匯合。

　　帕查卡馬克分派走二人以後，就徑直朝著庫斯科方向
走去。庫斯科正處在安蒂（東方）和昆蒂之間的中心地帶。
他沿著通往卡什馬爾克的山間小道走著，他一邊走一邊把
人們呼喚出來，當他來到卡恰省卡納斯人的聚居地時，卡
納斯（意為「火災」）人不僅沒有認出他們的創世神，而且
一個個全副武裝，殺氣騰騰，一齊向他進攻，想把他殺
死。帕查卡馬克看到他們手執武器而來，就明白了怎麼回
事，於是，馬上從天上降下火焰，焚燒他們居住的山頭。
那些印第安人看見大火臨頭，驚恐萬狀，紛紛把武器扔在
地上，朝著帕查卡馬克站立的方向爬行，來到這個留短髮
蓄長鬚、身著長袍的人面前乞求寬恕。帕查卡馬克看到這
種情狀，便雙手召來一根木棍，到有火的地方，打了兩三
下，大火就被撲滅了。這時，印第安人才認出他就是創造
世間萬物的神。

　　帕查卡馬克在顯示這番神通之後，繼續趕路，以便完

成自己對太陽神許下的諾言，為他的子女選中一塊王城寶地。等到了距離庫斯科三十公里的一座小山上，他坐了下來，呼喚出一批印第安人。然後帶領他們來到庫斯科，並向他們作出預言：

「你們在這裡安居，等到一群大耳朵的到來，他們中間太陽神的長子長女來統領你們，教化你們，成為你們子子孫孫的國王和王后。」

然後，帕查卡馬克從這裡西去，會合眾神。

## ◖ 星女孩的傳說 ◗

從前有對老夫婦，靠種馬鈴薯為生，以馬鈴薯充飢。他們的土地非常肥沃，種出的馬鈴薯比別人家的都大，只是離家太遠，每到收穫季節，總是有盜賊來偷，把大的馬鈴薯全部挖走。老夫婦很生氣。後來，等他們的獨生子長大之後，才把他叫來：

「兒子，你去教訓那些小偷！」於是他動身去看馬鈴薯。

第一天夜裡，沒什麼小偷。天快亮的時候，他合上雙眼，做了一個夢。小偷們趁機，就把馬鈴薯挖走了。

他醒來，心裡十分懊惱。他告訴了他的父母。

「算了，」父母對他說，「下次小心就是了。」

這次他整整一夜都沒睡，也沒離開過馬鈴薯地，小偷好像也沒來過，但滿地都是馬鈴薯葉子。

他回家向父母抱怨。

父親氣得把兒子的屁股痛打了一頓，對他說：

「難道你比小偷還笨嗎？」

又叫他去馬鈴薯地守夜。

沒辦法，他只好坐在馬鈴薯叢裡，等小偷來光顧。

夜裡，一輪明月掛在天際，照得四周一片光明，他死命地盯著四周……到了黎明時分，不禁閉上了雙眼。他做了一個夢，夢見一群穿著銀白色衣衫，長得花一樣俏麗，披著金色秀髮的女孩，飄然飛落他家，開始齊心協力地挖著馬鈴薯。哇，她們是一群從天而降的星星女孩！

他張開雙眼，呆在那裡看著她們。

「哎！」他感嘆著，「多可愛的女孩呵！該怎麼才能把她們抓住呢？」

他一躍而起，想去抓這些美麗可愛的馬鈴薯賊；可是她們都飛走了。如同閃耀的燈光那樣，消失在夜空中。只

有一個最年輕的星女孩落在他的手裡。

他在帶著星女孩回家的途中，責備她說：

「你怎麼偷馬鈴薯呢？」

接著，他故意說：

「現在，你被我捉到了，該怎麼處罰你呢？」

女孩嚇壞了，她哀求著：

「把我放回天上去吧，我的姐姐一定會被責罵的！我會把偷走的一切都還給你！」

他緊緊地拉著小女孩的手，笑說：

「算了，就罰你做我的妻子吧！」

他不回家去了，和星女孩住在馬鈴薯地旁。

他的父母等呀等，兒子就是不回來。

天黑後，媽媽帶了一些好吃的，順便去看一下她兒子到底在搞什麼。後來媽媽回到家中，說：

「兒子好像抓了個女小偷，漂亮得就像從天上掉下來的。」

老夫婦便沒去打擾他們。

過了段時間男子領著女孩去見了自己的父母。

時光飛逝，星女孩和男子一起生活了很長的時間。

　　可是有一天，男子去工作，星女孩假裝要出門散步，誰知一出門就無影無蹤了。她回到了天上。

　　男子回到家中，見妻子沒了，心裡十分難過。他邊哭，邊出門尋找著他心愛的妻子。也不知走了多少路，有一天，他在高高的懸崖邊遇到了神鳥兀鷹。

　　他把自己的不幸告訴了兀鷹，兀鷹對他說：

　　「男子，別憂傷，你的情人星女孩已經飛回天上去了。既然你這麼痴情，我可以帶你去找她。不過你得先替我找兩頭美洲駝來，讓我填飽肚子！」

　　於是男子匆忙回到家裡，一進門就對他的父母說：

　　「有人肯帶我去找我的妻子啦。」

　　男子到了兀鷹那裡，兀鷹就把一整隻的駝肉從骨架上剔了下來，吃進肚子裡。另一隻，則讓男子幫他帶著路上吃。

　　男子扛著駝肉來到了懸崖的頂端。兀鷹嚴肅地對男子說：

　　「把眼睛閉緊，不許睜開，當我喊『肉』的時候，就扔一塊肉到我嘴裡。」並且還警告他：「記住，如果我喊肉的

時候，你不把肉塞到我嘴裡，我們就飛不高了。」

然後，兀鷹帶著男子飛上了高空。

男子順從地閉緊眼睛。兀鷹一喊肉，他就割下一塊，扔到嘴裡。誰知飛到半路，駝肉已經吃光了。於是他便忍痛割下自己腿上的肉一塊一塊地餵給兀鷹吃。

兀鷹帶著男子來到一處遙遠的海濱，然後他們來到海水裡痛痛快快地洗了個澡。

兀鷹對男子說：

「海的對岸有一座宏偉的廟宇。今天是祭神日。你去吧，守候在門口。每到這些日子，所有的星女孩都會飛聚到這裡來，不過她們人數眾多，而且相貌和你的妻子一模一樣。當她們從你身邊走過時，不可開口說話。你要找的女孩排在最後，走過你的時候會推你一把。你要立刻拉住她，緊緊地把她抓在手裡。」

祭神慶典開始了，男子站在廟宇的門口，看到相貌彼此一模一樣的一長串女孩從他面前走過，這時候，從隊伍的後面閃出一個女孩，她用手肘輕輕地推了一下他，然後走進廟裡去了。

這是金碧輝煌的日月神廟 —— 日月神就是所有星女孩

和天上眾神的締造者。每天眾神都會到這裡來向太陽神請安。輕盈美麗的星女孩和天上諸神唱起了莊嚴的頌歌。

祭神儀式結束後，女孩們魚貫而出，和男子擦身而過，冷漠無情地凝視著他。可他還是認不出誰是他的妻子。這時，有一個女孩又用手肘推了他一下，然後拔腿就跑，這次，男子緊緊地捉住了她。

星女孩帶著他往家裡走去，對他說：

「你幹嘛要飛到這兒來？我一定會回到你身邊的。」

「過一會兒我就要到我父母那兒去了，」女孩接下去又說：「我不能帶著你！」

然後女孩對他說：

「我不敢讓我的雙親見到你。我要把你藏好，我會常來看你，給你帶吃的。」

就這樣，他們偷偷摸摸地一起生活了整整一年。後來有一次，星女孩有些不耐煩地對男子說：

「你該離開這裡了。」說完就消失得無影無蹤了，再也沒回來看過他。她把男子拋棄了。

他含淚回到了海邊，兀鷹正在那裡，男子向牠飛奔過去。兀鷹停在他身邊。他們彼此凝視著：兀鷹衰老了，男

子呢，也已經變成了老頭子，他們異口同聲地說：

「老朋友，日子過得還好嗎？」

男子把他在星女孩那裡的遭遇向兀鷹一五一十地說了，「可憐的朋友，」兀鷹說，「這是命中註定的緣份！」於是用翅膀柔情地撫慰他。

這時候，男子央求兀鷹：

「神鳥，把我帶回人間吧，我要回到父母的身邊去。」

「好吧，」兀鷹答應了他，「那麼，我們先洗個澡吧。」

等他們從海中出浴的時候，又變年輕了。

兀鷹對男子說：

「我帶你回人間，不過你還要給我兩隻美洲駝作為酬謝。」

男子回答說，「只要你把我帶回我父母的家，我一定會重重酬謝你的。」

兀鷹揹著男子又整整飛了一年，才回到人間，男子如約交給兀鷹兩隻美洲駝，便回家去了。

## ▌印加人的手工藝

　　隨著農業的發展，一批工匠出現了。他們從農業中分離出來，專門製作陶器、金屬的裝飾物和各種的生產工具，成為手工業者。他們往往被集中到庫斯科，住在專門的街區，由宮廷供給食物，為國王和貴族進行工作，每月按著規定完成任務，他們已經不再是公社的社員，成了依附於宮廷的專職工匠。另外，印加人中還出現了採礦業，主要是開採錫、鉛、銅等礦石，這些專職的採礦工人，大都是奴隸。

　　印加人還擅長金屬冶煉和進行青銅、黃金的合金加工，已能開採金、銀、銅、錫等金屬，生產工具和武器，並以青銅製造。金、銀、銅等製作的首飾和日用器皿也很精巧。他們主要是受到了被征服的部落 —— 契穆部落加工工藝的影響。他們用鍛造、衝壓、鑲嵌來製造斧、鐮、針、半圓形的刀和金銀器皿；還用蠟模澆鑄來製造銅和青銅等製品。這種製作，要先用泥沙做成模型，再在上面塗上一層蠟，然後重新對蠟模進行一番細緻的加工，再塗上一層新泥沙。模型上留一個孔，將金屬融化後澆入孔內，裡面的蠟層便迅速地融化，從下方的孔流出來，原來的蠟層便換成了金屬。等到冷卻以後，再將泥沙的模型打碎，

所需要的物品便製成了。

主要手工業部門除金屬加工外，印加人還有製陶、紡織等行業。他們的紡織品主要為棉毛織物，其中有時夾有金線或鮮豔的羽毛，圖案豐富多彩。印加人的紡織藝術，其工藝、花色、品種，都已經有很高的水準。1,000 年前，歐洲的一件地氈，每英寸只含花線 100 根，而印加人的地氈，每英寸便已經達到含紗線 5,000 多根。秘魯南部波斯科出土的木乃伊，被譽為「世界紡織品奇蹟之一」。

印加人在原始的豎式織布工具的基礎上，研製出了弓模式織布工具。這種工具有上、下兩根平衡檔，上面的橫檔固定在樹枝上，下面的一根要用長帶繫到腰帶上。織布時要跪著進行紡織，織成單層布或雙層、多層布。紡織的布，有棉織品和毛織品兩種，可染出 190 多種顏色的紗線。印加人的製陶術，也已經很有名氣了。瓦罐方便實用，外觀別緻精美，其脖頸處，雕刻著人的嘴、鼻子和眼睛，或在瓦罐的中間雕刻上小動物的頭，看上去惟妙惟肖。他們的陶器造型優美，紋飾絢麗。但當時的印加社會尚未出現自由手工業階層，優秀工匠多專為宮廷服務。村社間多是產品交換，故貿易不發達，無金屬貨幣，交換的規模也有限。

將動物毛髮與羊毛混合編織是印加紡織技術的獨特之處。一直到 15、16 世紀的時候，印加人才已經形成了職業世襲的手工業團體。手工業的發展，促進了貿易的發展，印加人的貿易逐漸開始興隆，而且有了海上貿易。

　　印加人的金屬加工業比較發達，他們不但懂得金、銀、銅、鉛、錫、汞的冶煉，還會冶煉各種合金，並知道利用汞來提純黃金。金銀主要用來製作裝飾品和藝術品，其中有一種金蝴蝶的翅膀只有 1/10 毫米厚，重心找得非常準確，投出後能在空中盤旋。銅及其合金主要用來製造武器、日用器皿和利刃工具。但是，如同美洲其他印第安人一樣，印加人一直不知道鐵。印加人掌握了許多種金屬加工工藝，如鑄造、鍛打、模製、衝壓、鑲嵌、鉚接、焊接等。有研究認為，印加人的金銀裝飾品，其技巧可與歐洲文藝復興時相比。

　　印加帝國時期的製陶業也有所發展。陶器的主要特點是具有引人矚目的磨光技術、雅緻的裝飾、優美的幾何圖案和絢麗的色彩。

# 印加人的文字

　　西元前 1200 年的古印加人創造了當時最偉大、最輝煌的古代文明，古印加人能夠修建複雜的道路，能夠用石頭修建縫隙，他們還有一套複雜的管理部落的控制系統。但是，令後來的學者疑惑不解的是，古印加人並沒有一種像其他民族一樣的書面語言。他們沒有留下文字遺蹟，所以，印加人有無文字的問題，長期處於史學家們的爭論之中。從已有的確鑿證據，印加人只存在著一種幫助記憶的手段 ——「奇普」。至今我們所知道的所有用於日常交流的文字都是書寫、繪製或者雕刻在平面上。而奇普與這些文字完全不同，是由一些三維立體的繩結組成的。長久以來，人們都將這種古印加人的繩結當作是一種裝飾品。在 1920 年代，曾經也有科學家稱這種繩結就是古印加人計數的一種方法，有人將這稱作是古印加人的算盤。研究發現這種繩結都是由棉花或者羊毛製成的。

　　記事的繩結奇普由一條主繩和系在上面的「垂帶」組成。這條經過精心製作的主繩很明顯是最主要的，而在它的旁邊如樹枝一樣有一些下垂的細繩，每一條細繩又有更多的下垂的更為細小的繩子，它們連線在一起就如同一棵

大樹一樣。

主繩通常直徑為 0.5 或 0.7 公分，上面繫著很多細的「垂帶」繩，一般都超過 100 條，有時甚至多達 1,500 條。這些垂帶，有時還繫著一些次一級的繩子，上面打著很多繩結。

根據殖民者的記載，印加的「繩結保管人」正式的說法是「奇普卡馬雅（khipu kamayuq）」，透過用眼睛檢視，並用手指像盲人一樣觸控來分辨所記載的意思，有時還會用石子進行輔助。在西元 1542 年，殖民統治者為了彙編印加的歷史，曾經招集「奇普卡馬雅」「翻譯」這些繩子。西班牙人記載了他們「翻譯」的事件，但是並沒有留下繩子。實際上，在西班牙人對古印加人的領地進行征服的過程中，一些古印加人曾試圖藏匿他們的這種繩結，因為古印加人將這種繩結當作他們記事的工具，上面記有他們家鄉發生的各式各樣的事情，但不幸的是，西班牙人曾將古印加人的這種繩結進行大肆破壞，這些繩結就這樣被西班牙人毀掉了。並且他們還對那些試圖擁有這些繩結的部落進行懲罰。

這種表示數字的奇普是水平的、使用的是十進位制，在每一根繩子最底層的結代表個位。其他繩結分別依次代表了十進位制的十位、百位、千位等等。考古學家說：「我

們現在知道奇普在有文字記載以前的時代是用來做什麼的了，它只是一種記錄數字的工具。」

不過透過上述的方法並沒有破解從西班牙人手中倖存下來的大約 600 個奇普，也沒有詳細說明何種物體被記載下來。根據其他考古學家的研究，大約 20% 的奇普「顯然不是用來計數的」。在 1981 年，有人宣稱那些「匿名」的奇普可能是一種早期的記事形式，重新點燃了學者們對奇普研究的熱情。

1997 年，華盛頓紡織品博物館的研究助理指出，繩結只是奇普系統的一部分。他說：「當我開始看這些奇普的時候，我看到一個旋轉的、皺褶的、有顏色的密碼體系，每一條繩子的製作都十分複雜。」

有了這個資訊，學者大膽假設奇普製造者們利用了繩子本身旋轉和編織的特性，規定了一系列不同的二進位制涵義，包括材料的種類（棉製還是毛制）旋轉和編織的方向，垂帶系在主軸上的方向（正還是反），繩結本身的方向等等。這樣，每個繩結都是一個「七位的二進位制編碼」，而這個體系還並不僅僅如此，因為奇普至少有 24 種可能的繩子的顏色。每一個排列都是 26×24，也就是 1,536 種可能的「資訊」，這比閃族人（Sumerian）的楔形文字中

1,000 ～ 1,500 種符號要多一些，差不多是 600 ～ 800 種埃及和馬雅象形文字元號的 2 倍。

如果假設是對的，那麼奇普將是一種獨一無二的文字。它是世界上唯一一種立體的「文字」，也是唯一一種將二進位制用於日常交流的文字。除此之外，它還可能屬於少數幾種「會意文字」。會意文字中的字就像數字或者舞蹈符號，表示意思，而不像英文一樣表示讀音，比如馬雅文字和中文。

學者們並不完全認同奇普是一種記載事件的「文字」的觀點。「根據文化進化理論，除非人們把文化記載下來，不然的話，就是他們認為這個文化並不好。」有人則相信奇普是一種「保持記憶的裝置，而不是你想什麼就是什麼」。

最終解決這些爭辯的方法之一，是找到一個將奇普翻譯成其他語言的文字紀錄 —— 一個印加的羅塞塔石碑。在 1996 年，業餘歷史學家引起了一場轟動。她宣布在她家的檔案中找出了這樣一件東西：一個清楚的西班牙文奇普翻譯稿，這個奇普記載了一首安第斯高原各國的印第安人的歌曲，而這種語言今天還在使用。不過由於同一份檔案中有關於西班牙征服者的讚美之詞，很多學者抱有懷疑。所以她不再允許世界各地的研究者自由查閱這些檔案，不

過，她還是允許一個澳洲的實驗室用光譜分析儀來檢驗奇普。檢驗的結果顯示這個奇普可以追溯到 11 ～ 13 世紀。

與此同時，其他的奇普研究者們正在尋找他們自己的羅塞塔石碑；已知的奇普的翻譯稿。比如：一些來自秘魯亞馬遜河流域的西班牙文件案被認為是一個奇普的翻譯稿，不過這些檔案和最近發現的奇普之間還沒有對應，如果其他學者可以找到對應，那麼，我們就可以聽到印加人用他們自己的聲音說話。

很多科學家認為古印加人的這種繩結只不過是一種複雜的「記憶儲存器」，以幫助那些口頭講故事的人記住他們的故事。如果這僅僅是一種「記憶儲存器」的話，那麼這種繩結就很難發展成為古印加人的書面語言，因為這些繩結只能被那些製造它的人所了解，或者那些經過專門訓練的、轉述這些故事的人才能理解。近年來，透過考證，一些民族學家、考古學家提出了印加人可能存在文字，認為在陶器圖畫上畫著的類似豆子狀的符號，可能就是一種會意文字；有的認為，有一些用事物形象表意的符號，就是印加人的象形文字；還有學者認為，一些在太陽神廟附近房屋中，帶有金框的粗布板上的符號，便是印加人的神祕文字，是用來記述歷史事件或傳說的。

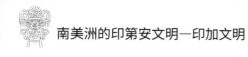

　　1980 年 5 月，發表了一篇題為《介紹印加人的祕密文字元號》的論文，提出祕密文字是美洲最早的象形文字和表意文字之一，並指出這種文字是由 16 個子音和 15 個母音組成。但如上觀點，尚缺乏證據。

# 印加人的生活習俗

## 艾馬拉人的生活習俗

　　印加人的部落眾多，自然環境、生存環境和歷史文化都有很大的差異，因此，各自都有著相互不同的生活習俗。如生活在庫斯科的印加人、奇楚亞人、艾馬拉人……，他們的生活習俗都有很大的差異。

　　艾馬拉人最崇拜的是幸福之神，這種崇拜，後來發展為艾馬拉人的重大節日 —— 阿拉西塔斯節。節日裡，設有盛大的集市，人山人海。在集市上，人們相互交換著物品，在音樂中跳舞歡樂，還大擺宴席，請客飲酒。

## 奇楚亞人的生活習俗

　　奇楚亞人愛講故事，講山神的故事，講豹和鷲為山神服務的故事，還有關於妖巫和魔的一些傳說。他們的生活比較樂觀，吹笛子，打鼓，跳舞，還喜歡很多其他的樂器。

　　印加人的女孩，一到 10 歲，大多數要留在公社承擔

家務和農活，等待著出嫁；有一部分美貌的少女，則要被選入官府，接受較長時間的培訓。她們主要學習編織、烹調，還有宗教，長達 4 年。其中的一部分，被選為妃子或是妾；另一部分，則要獻給太陽神，做「太陽貞女」。「太陽貞女」必須發重誓，一輩子要保持童貞。「瑪瑪庫納」是「太陽貞女」的老師（未被選去做妾的成年婦女），「太陽貞女」先要到「阿克利亞瓦西」（培養貞女的學校）學習，畢業後，她們平時便為貴族和祭司們編織衣裳，製作一些祭品和裝飾品，還用玉米釀酒，也參加一些宗教的儀式。她們終生不能戀愛結婚，違規的便要處死。

印第安人的風情習俗，使人類的生活更加豐富多彩，至今對世界仍產生著重大的影響。如：源於西方的狂歡節，充滿著印第安風情（如秘魯狂歡節）。還有西班牙的鬥牛、鬥雞，「哈拉納」節宴請賓客的奇恰酒和印第安菜餚等。

# 印加人的建築

　　印加人的建築取得了驚人的成就。其成果主要表現為民用住宅、廟宇、王宮、軍事古堡和道路。

　　在目前的聖多明各教堂和修道院的地基上曾聳立過太陽神殿，是印加人最為富麗堂皇的宮殿，是印加人著名的建築傑作之一。神廟有幾個小殿和一個大殿，大殿有 400 多平方公尺，殿內高大，茅草蓋成的屋頂，大殿的四壁全都由純金的金片鑲嵌而成，所以神廟被稱之為「金宮」。正面的大牆上有面朝東方太陽神的偶像，偶像的四周，是圓金片鑲嵌而成的火焰和環狀的光芒。當太陽升起，普照大地的時候，神像便會放射出萬道的光芒。太陽神像兩側的御椅上，供奉著歷代印加王的木乃伊。大殿的四周，一共有 5 個正方形的小殿，全都供奉著神像：第一個小殿，供奉的是太陽神的妻子和姐妹；第二座方殿，供奉的是金星和 7 顆啟明星，還有天國的其他一些星；第三座方殿，供奉的是雷神和閃電神；第四座方殿，供奉著一道由 7 種不同顏色組成的光彩奪目的弓形彩虹（印加人稱彩虹為「馬伊王」，是一位神）；第五座方殿，是祭司們的密室，走進去，用金、銀、寶石裝飾的牆壁內，有很多用黃金鑄成的

神像。太陽神廟的一邊,還有一個「黃金花園」,園內有許多的奇花異草、飛禽走獸,形象生動鮮活,全都是用黃金和白金製成。

印加帝國的首都庫斯科城,是整個印加帝國。所有的印加人都相信,印加的歷史就是在這片蒼茫浩瀚中開啟。它建於海拔 3,000 公尺的高原上,城內供水設施完備,四通八達。宮殿、神廟和城堡皆以巨石建成,不施灰泥,嚴絲合縫,以至刀片也難插入。以黃金、寶石裝嵌而成的太陽圖案絢麗壯觀。「黃金花園」裡金樹銀花,耀眼生輝。全城共有 12 個區,建有王宮、官邸和中心廣場。庫斯科的不同街區,代表著全國不同地域、習俗的部落,各部落的酋長,都在城裡建有自己的住宅(朝見印加王時的居所),其位置都是按照自己部落處於都城庫斯科的方位規畫建造。在酋長居所的四周,都是該部落的子民的房屋,形成一個街區,這個街區的居民,都在按照自己部落的信仰習俗生活著。

庫斯科城在印加帝國之前就已存在,歷經印加帝國和殖民時期而經久不衰,直至今天。這裡是美洲風情最卓越的表現,但只能沿著它陡峭的道路步行,爬過層層石階才能領略到,而且你要時刻準備,在每一個街角都會有令人

驚嘆不已的發現。

印加人的庫斯科，如今只剩下一些建築的廢墟，因為，城內所有的宮殿和廟宇早已被西班牙人拆毀，用拆下來的石塊修建他們的教堂和住宅了。在市中心，今天人們仍可以在該城最古老的街道 —— 哈圖姆魯米約克大街漫步。在走過近一半的地方時，可以看到著名的「十二角石」，稱為「哈圖姆魯米約克」。關於這塊石頭，有著眾多的解釋，最可信的是它是印加曆，每個角相當於每年的一個月。

殖民時期的庫斯科最突出的是武器廣場。城市中最美麗的建築都集中在它的四周，其中有大學、聖卡塔利娜修道院和教堂。聖卡塔利娜修道院是在印加人的聖女宮上建造的，這裡曾是用挑選出來的少女祭祀太陽神的地方。

廣場四周最主要的建築是大教堂，是在印加建築的地基上建造的。地基之牢固使這所大教堂逃脫了多次地震的破壞。

武器廣場是庫斯科城的神經中樞，很大一部分的城市生活是在其周圍進行的。廣場四周遍布殖民時期遺留下來的造型美觀的門廊，集中著餐廳、咖啡館、工藝品商店、夜總會和大量的旅行社。這些旅行社可以安排你在著名的

「印加大道」漫步，也可帶你到馬爾多納多港或馬努國家公園的原始森林中冒險。

但是，印加帝國時期的庫斯科城比現在要大得多，而薩克塞瓦曼只是大庫斯科的一個郊區。

在環繞庫斯科的山崗上，在東北部，可以看到薩克塞瓦曼的城堡白色的石牆，這是印加帝國時期主要的防衛建築之一，名曰「獵鷹巢」。

在巨大的梯形城牆之間是龐大的要塞。其中心有三座主堡，但是現在只剩下地基了。環繞這一建築群的三面城牆，是由巨大的花崗岩砌成的。這些花崗岩石塊之間的連線相當嚴密，簡直不像人工所為，完全是大自然的造化。這無疑是最偉大、最令人嘆為觀止的古代巨石建築。

北面向一片平川傾斜，這片平川曾是古代印加人舉行節日慶祝活動和各種競賽的地方。平川的另一側有一塊圓頂形的巨石，並雕鑿出「印加寶座」的白色座位。

從這裡看過去，以安第斯群山為背景的整個城堡建築群一覽無餘。離開薩克塞瓦曼的城牆向比爾卡諾塔峽谷前進，道路就會把我們從庫斯科的群山帶向一片炎熱而富饒的地區。

沿著這條道路繼續向前，我們會看到一些較小的印加

遺址,如京科。這是一塊巨大的岩石,有數條隧洞從其間穿過。這塊巨石是祭神用的,從這裡可以遠眺印加帝國的首都。此外,還有普卡普卡拉,意為「紅色要塞」,因為這裡的石頭在傍晚時會變成美麗的紅色。而在它的對面則是坦博馬查伊,是印加時期的住宅群,有石頭浴室、瀑布、柱廊和梯田等。

沿著山間隘路,印加人修建了由一整套堡壘組成的「懸城」,用以保衛印加帝國不受森林部落的侵犯。

印加人的聖谷以馬丘比丘為終點。這裡是印加人建築和城市化所達到的高度發達水準的見證,在與世隔絕的群山之中建設起城市,也是他們勤勞智慧的體現。

馬丘比中著名的半圓牆馬丘比丘建在馬丘峰和華伊納峰之間的盆地上,其中心有一個分幾層展開的巨大廣場,把城市分成了兩部分:西部為上城,建築精美,是王族、祭司和首領們居住的地方;東部則是下城,建築較為粗糙,是平民的居住區。

主要的建築自然是在上城,分為幾大建築群:塔形城堡、宮殿、聖堂和太陽神廟;在下城則有「神鷹」建築群等。

今天漫遊印加人的聖谷,四處可見古城的遺蹟,這裡

曾是一種偉大文明和一個帝國的搖籃，其宏偉和壯觀，使所有到過這裡的人無不讚嘆，也無不感到心靈的震撼。

馬丘比丘是南美洲考古學上的重要古蹟。這座偉大的印加城堡，竟然失落了幾百年而無人知曉，直到 1911 年才被一名考古學家無意中發現。這項巧奪天工的傑作，展現了人類與大自然和諧共存的藝術造詣。

雖然馬丘比丘在考古學上首屈一指，名聲響亮，可是對於它的歷史卻是略知皮毛而已。由於印加文化裡沒有文字，歷史全憑口述流傳，根本沒有任何記載。有人猜測，當時印加人不願讓城堡被西班牙人占領，個個守口如瓶以致失傳。況且城堡建於陡峭狹窄的山脊，又被四周的崇山峻嶺包圍遮蓋住，因此也沒被西班牙人發現。大部分挖掘出來的遺體都是女性，所以有人猜測，馬丘比丘是特地用來贍養婦女以供男人所需。但從建築的結構來看，它並不適宜居住，只是作為舉行慶典儀式之用罷了。

馬丘比丘可說是秘魯、甚至是南美洲的象徵，對它絕對不會陌生，畢竟還是無法抵抗親眼目睹的那分震撼。城堡占了整個山崗，又加上一座金字塔形的高山為背景，氣勢非凡，實在令人嘆為觀止！城堡工程浩大，單單取石塊和把石塊搬運到山上已經不簡單了，再把石塊疊成城堡更

不用說了。

　　印加人建有很多的古堡，薩克薩瓦曼古堡最為著名。作為庫斯科城的要塞（也是庫斯科居民被圍困時的安身之地），它聳立於海拔 3,700 公尺的高山之顛。古堡從西元 1470 年代開始興建，一共修建了 50 多年（直到西班牙入侵之前尚未完工），每年都動用 240 多萬人次。這座古堡依山勢而建，占地 4 平方公里，共有三層高達 18 公尺的圍牆，最外邊的一道竟長達 540 多公尺。修建圍牆的，全都用的是巨石，最大的一塊，寬 3.6 公尺，高 8 公尺，體積 121 立方公尺，重達 2,900 多噸。城堡有石階通向山下，長約 800 多公尺，全部是用石板鋪就。古堡的制高點，是一個三角形建築，被圍在 3 座塔樓之中，其中圓柱形的主塔基礎呈輻射狀，裡面有一座溫泉，是專供印加王洗浴之用；另外的兩座為正方形的塔樓，以作駐軍所用。三座塔樓之間，設有地下的通道，也是用石塊所砌，整座的古堡結構複雜，氣勢雄偉。這一高超的建築藝術，是古印第安人的創造才能和聰明智慧的結晶。

　　為統治廣大的國土，首都庫斯科與全國各地有雄偉華麗的庫斯科城許多道路相連線，其中有兩條著名的驛道：一條北起厄瓜多的通貝斯，沿海而行，通過秘魯，進入智

利的中部，全長 4,000 多公里；第二條與第一條平行，但卻是穿山越嶺，它北起哥倫比亞，一路穿過厄瓜多、秘魯、玻利維亞、阿根廷，直達智利，全長近 5,600 公里。主幹道寬 3.5 公尺至 4.5 公尺，在驛路兩邊，一直是果樹成蔭。驛道在穿過平原和灌溉網時，路兩邊都設有飾著浮雕或影象的護欄；在穿過沼澤或易氾濫洪水的河區地帶時，道路就修築在石堤壩上（有的石壩高達 1 至 2 公尺）；道路在穿過沙漠地區時，路的兩邊都立有兩排柱樁（為防飛沙淹沒）；道路在穿過高原或穿過山區時，便蜿蜒曲折、盤山繞行（陡的地方還鑿出梯級）。在巖壁中開鑿隧道，在河流、峽谷上架橋（用大樹、橫木或石板）飛越，在深淵之上鋪設吊橋（以深淵兩邊石柱為支柱，繫有 5 條用韌性極強的枝條或野藤編織而成的粗索，其中 3 條為橋體，另 2 條與橋體一起為護欄，從兩側加固橋身，橋面鋪有橫板或石板，有專人進行管理）。

這兩條幹道，還開闢出了很多小道，把庫斯科和許多遙遠的地區連線起來。驛道的修建，主要是為了適應行政、貿易和軍事的需要。印加的驛道，是世界上最偉大的工程之一。

印加人居民的住屋，一般都是用沒加工過的石頭和泥

土築建而成，大都是用禾草或是葦子草，搭建成屋頂，居住的地方不同，房子的形狀也不一樣。山裡的房子，都是尖錐形的，大雨的季節裡，雨水可以順著屋頂的斜坡流下去;沿海的屋子，卻是平頂的。但這些房屋，都沒有窗戶，只用席子做成一個門。印加人的住戶，都是單間，幾間的房子，圍成一個公共的院落。

印加人的建築，選用的石材豐富多樣，有石灰石、中長石、玄武石、內綠石等，建築是用疊石法（用鑿平的石塊向上疊砌），雖然這些石料都為多邊形，但是卻疊砌契合得天衣無縫，至今，仍是連刀片也插不進去。建築技術之精妙，令人驚嘆。

# 印加的天文

　　在天文、曆法和數學領域內，印加人也達到了相當高的水準。在首都庫斯科，印加人在城東、城西建有 4 座天文觀象臺，中心廣場另設一座。根據長期的觀測，印加人測得地球週期是 365 天零 6 小時，並據此制定了太陽曆。印加人還有一種曆法是陰曆，包括 354 天，是根據對月亮的觀測結果制定的。與阿茲提克人和馬雅人不同，印加人的數學採用十進位制。

　　由於農業生產的需要，印加人已有一定的天文知識和曆法。曆法有太陽曆和太陰曆兩種。庫斯科城中建有高臺，用於觀測天象，以根據太陽位置確定農業季節。印加人還為貴族子弟設立學校，學習期為 4 年，學業主要為克丘亞語、宗教教義、曆法、繩結記事等。繩結記事法以繩索的結和顏色表示一定的事物和數目，用於傳遞公文，記述日曆、歷史和統計資料。有人認為當時已有圖畫文字，但後來失傳。

# 印加人的宗教信仰

　　在宗教方面，印加人主要崇拜太陽，自稱為太陽的後代。月亮、土地及其他星宿也被崇拜，但地位較低。仍保持圖騰崇拜和祖先崇拜的殘餘，各氏族公社以動物命名，視祖先為公社保護神。印加人已確立國家信仰及祭司教階制度，祭司階層享有特殊地位。全國的宗教中心是庫斯科城中的太陽神廟（金宮）。每逢農事週期的各個節日，都要舉行祭典，祭典上的犧牲主要是動物，但當印加王出征或發生巨大自然災害時，則以活人為犧牲。每年祭祀太陽神的日子，仍有數萬印加人聚在「山鷹」城堡廣場，向太陽神敬獻玉米酒。印加人最崇拜的神是太陽神。他們還崇拜圖騰，崇拜祖先，崇拜自然。印加人農村公社的圖騰，多為一些動物，他們將這些作為圖騰的動物，加以馴養和娛樂。他們還崇拜玉米神、馬鈴薯神，並把它們製成偶像。在他們的日常生活的器皿上，經常繪畫著一些人身動物的圖騰。民間的舞蹈中，也常常裝扮這種形象，如猿、大鷹、美洲豹和南美兀鷲等。

　　印加人中，最普遍的崇拜，是對祖先崇拜。最古老的「瓦卡」崇拜，便是與祖先崇拜有著密切的關係。當氏族公

社逐漸地變成地域公社時，「瓦卡」神便已經成為一種公社的土地和某一片地域的保護神。「瓦卡」，本意是「我出生於他」的意思，「他」，便是祖先。後來，「瓦卡」的內容越來越廣泛，許多對自然崇拜的內容，也都匯進「瓦卡」的崇拜中來。他們把一些處所進行神化，把它們與關於自己祖先的傳說或自己的來源連結起來，也成為一種「瓦卡」崇拜。除此之外，他們崇拜的，還有湖泊、河流、泉水、英雄首領的墓地等。傳說僅庫斯科和它附近的地方，就有 334 處瓦卡。當人們經過這些地方時，都要把一塊石頭，放到多年的石頭堆上；或是吟唱哀歌進行祈禱，以求神保佑一路順風。

印加人對祖先的崇拜，還表現為對木乃伊的崇拜。一些人死後，被後人製成了木乃伊，穿著盛裝，戴著各種首飾，栩栩如生。他們把木乃伊連同他的食物、工具和日用品，一起埋葬。

印加王死後，屍體被製成精緻的木乃伊，並供奉到神廟中受人禮拜。盛大的節日裡，祭司們還抬著他四處遊行。如果對外發生了戰事，人們便帶著木乃伊出征，並抬到戰場上，以求保佑。

印加人崇拜星辰，崇拜海洋和地球，崇拜土地娘娘

（即大地母親）「帕查瑪瑪」。土地娘娘主宰著牲畜、經濟和收成的繁殖和繁榮。奇楚亞語中的「帕查」，就是土地的意思。他們認為，土地和作物也都是神，所以便把玉米、馬鈴薯等，製成女神的形象進行供奉，節日裡，常抬著它們沿街進行遊行。

太陽神是印加部落的保護神，被稱為「印提」、「維拉科查」等。印加帝國形成後，太陽神漸漸便成為全國最高的主神。印加人認為，太陽締造了萬物，他們都是太陽神的子孫。月亮是太陽的妻子，星辰是他們的孩子。印加，便是太陽之子的意思。後來，印加人把對太陽神的崇拜和對王權的崇拜，合二為一。印加帝國，有著專對太陽神崇拜的祭司集團。

到 14 世紀印加王帕查庫蒂執政時，又興起了對帕查馬克（原為盧林河谷的部落神）神的崇拜，把他的地位抬到了高於太陽神之上。他們認為，帕查馬克是創造一切神的無形之神，太陽神也是他的創造，並且他讓太陽每天早早升起，晚晚地落下。這樣，印加人就又形成了對太陽神和新神帕查馬克的雙重崇拜。

印加人對太陽神的崇拜，也是對祖先的崇拜，同時也是對神祕大自然的崇拜。由於對太陽神的崇拜，對日食也

開始進行大規模的祭祀，供奉金銀偶像等，還要宰殺眾多的羊和童男童女。巫師說，日食是太陽因為這世界要遭受重大損失而舉行哀悼，它預示著某位國王的死亡。因此，印加王在這時候，要到一個祕密的地方進行齋戒隱居，不再處理任何事物，全城也不能有任何火光，怕觸怒了太陽神。婦女們也要穿上喪服，不斷地貢獻祭品，他們要為太陽神齋戒好些日子。

印加人建造了太陽神廟 —— 金宮，並修建了敬獻給太陽神的「黃金花園」。有四個日子，是和節氣有關的：「拉伊米」—— 王室祭神日（春分時舉行）；「拉伊米・因蒂節」（夏至時舉行），在這一天全國都要供奉太陽神。人們要早早起來，遙望著東方盼望著日出。太陽從天邊升起後，人們群情歡呼。這天印加王要親自主持慶祝儀式，並用駱馬肉和玉米酒來舉行盛宴，宮廷大臣、祭司和全體居民都要參加，非常地隆重；「西圖西節」（秋分時舉行）這天人們要在半夜裡便起床點火，然後洗澡沐浴，以示贖罪；「阿莫拉伊節」（冬至日舉行）是向太陽神獻祭的節。獻祭要在拂曉舉行，印加王穿著太陽使者的服裝，右手持著金長矛（印加軍隊統帥的標誌），跑步到中心廣場，有四位王子在那裡揮舞著長矛。國王釋出賽跑的命令，四個王子便持矛

分別跑向通向四個行政區的道路。在一公里的地方，早有人在那裡等候，他們接過王子的長矛，繼續朝前方奔跑。就這樣，以相同的方式，進行著接力賽跑，一直到跑完 30 多公里的路程。最後跑完的人，將長矛插入地，便象徵著已經驅除了邪惡。

印加人每一個省區、部落集團，都有各自的信仰崇拜，從地方神廟、國家主神神廟（首都庫斯科）到太陽神廟，都有各自的祭司，祭司組織已經成為一個龐大的可與王權抗衡的祭司集團勢力。因此，在 14 世紀，便發生了對宗教的改革。

# ▌印加人的服飾

　　印加部落由於生活的地域不同，生活、服飾等差異很大。在 16 世紀西班牙人入侵南美洲以後，印加人在服飾上，也出現了一些變化。生活在庫斯科的印加人，無論男子還是女子，都戴身著印加式披肩的秘魯男子著相同的帽子。男人都穿家織毛料的短毛衣，過膝的長褲子，頭戴寬邊的淺頂帽（用紅氈塊和黑棉線製作而成）；女人愛穿裙子，但裙子穿得極特別，她們一次要穿好幾條裙子，最裡面的一條最長，越往外越短，一條比一條短，每一條裙子都恰好只露出一條彩邊。

　　奇楚亞人生活在谷地裡，很多的人都光著腳，或者是穿著一雙草鞋，只有酋長在盛大的節日裡，才能穿上一雙皮鞋。男人們都披著斗篷，這種斗篷，是用兩塊方形的毛料縫製而成。縫製這種斗篷時，中間不縫，只縫沿邊。穿的時候，要套頭而穿，斗篷的邊翼便自然地披落下來。天熱的時候，人們常常把斗篷撩起一邊，搭掛在肩上。蓋丘亞族（美洲印第安人的一支）婦女和孩子。女人用毛料做成披肩，穿在身上的時候，要用一個銀胸針別在胸前。身後的披肩，則摺疊成一個口袋狀，可以用來揹小孩或東西。

為了漂亮、美麗，女人們穿的白色短上衣，喜歡用一些金屬的飾物裝飾。

艾馬拉人居住在高原，他們和居住在谷地、大草原上的印第安人，都有不同的穿戴。男子一般都是穿緊身的短內衣，褲子長到腳踝，扎腰帶，外面再披上一件斗篷。女子們則穿著束腰的緊身衣服，上面是扣在肩上的，腰間再束一條寬而長的帶子，披巾罩在肩上，一頭束在頭上系成個蝴蝶結。這些衣服的料子，都是羊駝和駱馬的毛紡織而成。

總之，印第安人所處的環境不同，服飾間有很多差異，形成了印第安人豐富多彩、特色鮮明的民族傳統服飾，這些有鮮明民族特點的服裝，對現代服飾產生了重要的影響。毛披肩和斗篷，是印第安人最典型的服飾，現在已經成為太平洋沿岸各族人的服裝，在後來，幾乎是影響到了整個美洲。婦女們身穿裙子，把披巾披在肩上或戴在頭上，別有一種韻味；而斗篷，披罩在短的外衣上，即美觀，又避寒，還利於騎馬馳騁。另外印第安人肥大的燈籠褲，寬寬的腰帶，寬簷帽或窄邊的黑軟帽，黑、紅、黃等色的皮靴，都已成為拉美各國的民族節日盛裝。

# ▌印加人的藝術

　　印加人在音樂、文學方面有很高造詣。有人認為，印加音樂可與歐洲古代民歌相媲美，甚至更為高超；還有人認為，印加音樂具有亞洲古代音樂的水準和相似的表現手法。由於印加人沒有完整的文字系統，文學多是口頭傳說和戲劇。印加人留下了豐富的口頭民間文學和戲劇作品。印加人的口頭文學中，有頌歌，這其中有神話故事和歷史故事，還有抒情詩和敘事詩。

　　抒情詩大都是關於男女青年愛情的故事，而敘事詩中有宮廷佚事，也有關於對外擴張的史記。印加人最優秀的文學作品，是《奧利揚泰》。

　　《奧利揚泰》講述的是勇士奧利揚泰，他出身低微，從小就在宮中做宮廷侍衛，與小公主產生了真摯的愛情，兩人山盟海誓，永不變心。後來，奧利揚泰在對外作戰中，勇猛無比，屢立奇功，成為印加王的寵將，地位也僅次於印加王。他唯一的心願，就是要娶印加王帕查庫蒂的小女兒為妻。但印加王卻覺得他出身低微，不配做他的駙馬，就堅決不同意這樁婚事，還把小女兒送進了修道院，幽禁起來。但這時，小公主已經懷上了奧利揚泰的骨肉，她在

修道院裡，生下了女兒。印加王知道了這件事，十分地憤怒，便下令將公主打進了地牢。奧利揚泰得知了這一消息，失望之極，便帶兵奮起反抗，自立為王。印加王派將軍率領大軍前去鎮壓，兩軍交戰，奧利揚泰神勇無比，把將軍打得潰不成軍。將軍於是用了苦肉計，騙得了奧利揚泰的信任。他進了奧利揚泰的城中，從城內開啟了城門，使印加王的軍隊衝進了城中，活捉了奧利揚泰，並把他送到了印加王那裡。印加王決定把他獻祭給太陽神，正在這最危急的時刻，印加王突然駕崩，新的印加王登基繼位，因為奧利揚泰顯赫的戰功，於是下令赦免他，並恢復了他的官位，奧利揚泰終於和公主完婚，帝國重新統一起來。

奧利揚泰的故事，在民間廣為地流傳，一直到 15 世紀，又被人用克丘亞語改成了戲劇，中間夾雜著一些西班牙語的詞彙。劇本曾經一度失傳。直到 18 世紀中期，秘魯的傳教士又重新發現了劇本，並把它改編成了多幕劇，全劇一共有八幕：

第一幕突出了矛盾的焦點，奧利揚泰與公主山盟海誓，但印加王卻堅決不允許他們的婚事；第二幕表現了公主對奧利揚泰愛情的忠貞，卻遭到父王的無情拒絕；第三幕寫奧利揚泰求婚，卻被印加王趕出了宮廷；第四幕奧利

揚泰回到了故鄉，率眾起義，宣布脫離印加國，自立為王；第五幕和第六幕，印加王派兵前來鎮壓，奧利揚泰將印加王的軍隊打得大敗；第七幕，寫公主在修道院中，以及在那裡出生的女兒知道了自己的身世；第八章，寫奧利揚泰被活捉，生死關頭，印加王駕崩，新印加王繼位，並赦免了奧利揚泰，批准了他和公主的婚姻，並將王位讓給了奧利揚泰，全劇以大團圓終，幕落。

劇本被翻譯成法文、英文、德文、西班牙文等，該劇語言生動活潑、情節緊湊、結構完整，在藝術上，已經達到了很高的成就。

《奧利揚泰》的原作者一度引起研究者們極大的興趣。劇中描寫的印加上流社會的種種生活，說明作者可能就是奧利揚泰的後裔，或者是王室貴族的後裔。

印加戲劇主要由兩位演員對白表演，並伴以合唱，即歌舞與對白結合的戲曲形式。除《奧利揚泰》外，還有一些被征服部落反抗印加專制統治的藝術作品。

印加人其他方面的藝術，如同它的文化一樣，是建立在查文文化、帕拉卡斯文化、莫契卡文化（或稱早期契穆文化）、納斯卡文化、蒂亞瓦納庫文化等藝術之上的。

在 3,000 年前的查文文化中，產生了石雕、陶器、骨

刻、金製品、浮雕、紡織工藝。查文風格多以貓科動物為主題，寬嘴、犬牙、圓鼻子、卵形眼睛，頭上開一個 V 字口。主要是石板浮雕，很少圓雕，只有少量動物頭和美洲獅形的研缽例外。查文文化的浮雕藝術已經高度發達，在遺址中，以虎神為圖案的石柱上，即有深浮雕，又有淺浮雕；古廟圓形廣場圍牆上，美洲虎和手持武器的武士石雕；巨型石碑上眾多的獸頭人身像（獸頭上還有比身體高几倍的蛇形羽冠裝飾）線刻石雕；塞琴遺址中戰旗、武士、虎、魚、人體部位石雕等，技巧已經相當高超。製陶和金屬藝術，在文化後期也相當發達，陶器多為棕色或黑色，並飾有各種幾何圖案。圖案的製成，要在潮溼的陶坯上鑽眼、列印和摳刮；匠人們，在製作金片的模子上，雕刻出虎、蛇、兀鷲等圖案，花紋極其精細。

西元 400 年至 1000 年的帕拉卡斯是藝術發展的時期。在這一時期，有大量的紡織物，其中包括繡花織物、鑲著金和羽毛的頭巾、披巾，上面有大量貓科動物、精靈、擬人圖案。

西元前 1000 年的納斯卡文化（秘魯南部沿海）遺址中，出土了很多塗有釉的彩陶，有各種提樑壺和敞口碗，著色均以紅為底色。圖畫中多是蘭鳥獸、草林、怪神，還

有些頭像，一共用了 11 種色彩。在皮斯科海岸，有一大片
地表圖案，形似燭臺，其溝長 200 公尺、寬 2 公尺、深 0.6
公尺；在利馬（以南 400 公里）一塊荒涼的高地上，畫有很
多規則的地表圖形：有長方形、三角形、星形、平形四邊
形等，還有類似植物和動物的圖案（據推測，這些圖形，
可能和天文有關）。

西元前 1000 年的莫契卡文化（早期契穆文化）中，建
築在土金字塔上的廟宇、牆上均有人和動物形狀的彩色壁
畫和浮雕。陶器以紅、白彩繪為特徵，有的像人，有的像
鳥獸，造型奇特，形象逼真。人頭的塑像形態各異，極富
個性；陶器上，還塑有手持各種武器的戰士形象和俘虜
形象。

西元 1000 年的蒂亞瓦納科文化遺址（秘魯和玻利維亞
交界）中「太陽門」的門楣上，有被光線圍住的淺浮雕人
形，浮雕中是虎頭人身的天神，頭戴羽冠，左手握箭袋，
右手持狼牙棒。在天神的兩側，有三列小人（一共 48 個），
上下的兩列都長著翅膀，中間是人格化的鳥。遺址出土的
各種陶製器皿上，都有色彩鮮明的彩繪，有各種刺繡的織
物，其圖案多是人形和獸形，也有些幾何形狀。昌昌城
（契穆首都）房屋的一些牆壁上，也列印著繪畫或雕刻的幾

何圖案。繪畫中有海獸、游魚，更多的是海狗（均為崇拜的圖騰），姿態萬千。契穆的陶器多為馬鐙壺和提樑壺，黑色磨光。其織物非常精美，竟連羽毛也織在其中。

印加人在這些文化藝術的基礎上，創造了更為璀璨的藝術，著名的太陽神廟中面朝東方的太陽神像，其四周是一大片用圓金片鑲嵌而成的火焰和環狀的光芒。當太陽普照大地的時候，神像便會放射出萬道光芒。神廟的一邊，還有一個「黃金花園」，園內有許多黃金和白金精製而成的奇花異草、飛禽走獸，形象生動鮮活。

印加人的繪畫，展示了印加人的體型、衣著和生活景象；描繪印加帝國宮廷貴族生活的繪畫和壁畫，是世界藝術寶庫的傑出作品。

印第安人的藝術、建築對美洲產生了重大影響，現在的美洲無論是建築、雕刻，還是音樂、繪畫、舞蹈，都滲透著印第安人藝術的因素。在音樂的旋律、節拍和舞蹈動作上，印第安的影響無處不在，如：秘魯的馬里涅拉舞、華爾茲舞等；墨西哥的哈拉貝舞，複雜的旋律、動作，都源於印第安舞蹈。玻利維亞土生白人和混血人的很多舞蹈，也都起源印第安人的節慶舞和儀式舞。墨西哥戴假面具和頭飾的印第安人的赤足舞，和木鼓「特波納斯特利」伴

奏的舞蹈，都已經成為極有名氣的民間舞蹈。

在建築和雕塑上，也到處都能看到印第安人像和印第安風格的作品。很多教堂浮雕的印第安神女，與印加風格的緣飾和雕花；一些建築物上的印加人像和印第安駱馬浮雕，庫斯科大學（秘魯）建築上雕塑裝飾中的印第安人像等。無論是音樂、舞蹈，還是雕塑藝術中濃鬱的印第安風格，都已經成為世界藝術的一大特色。

# 印加人的數學

　　印加人已經開始使用度量衡。他們以人的四肢為基礎，進行測量，小拇指為最小長度，拇指與食指之間為次長度，手臂是最長的長度。土地的面積單位是「圖普」（一圖普約為 4,000 平方公尺，但地區不同，標準也有差異），糧食按斗計算（每斗約 2.7 升），重量按 3.8 克為單位。在出土的文物中，已經發現了用木頭、骨頭和銀製成的天平秤。印加人計算數字用計算板（也稱「阿巴克」），先要在板上劃分成長條和方格，然後用一些小圓石子，作為計算單位，在這些長條、方格上進行計算。

## █印加人的醫學

　　印加人在醫學上的成就是巨大的，以草藥治病和外科手術尤其顯著。印加人的巫醫治病，一方面利用巫術驅除妖邪；另一方面也利用草藥治病。在《印加醫書》一書中，記載了 600 多種常用來治病的草藥，其中有番木、吐根、奎寧、可可、鱉和祕魯香膏等。

　　印加人在製作木乃伊（將人體解剖，取出內臟，填充草藥）的過程中，熟知了人體的結構。他們有高超的穿顱術，能夠取出頭部傷殘的骨頭碎片，並用此方法治療精神的疾病。他們常用一種含大量酒精的飲料作麻醉藥（也有一種從古柯植物的葉子裡提取的麻醉藥物），手術器械主要是「T」形銅刀和鋒利的石刀，手術後，再用紗布和繃帶包紮傷口。他們還用菸草做成鼻菸，常用來清醒頭腦。

## ▌印加人的教育

　　在印加帝國的首都庫斯科，設有被稱為「知識之家」的專門學校，供庫斯科人、被征服部落和貴族子弟學習。學期四年，有專職教師（一些被稱為「才子」或「聖賢哲人」的人，他們往往擔任宗教問題顧問或宮廷的歷史學家），開設的課程主要有：奇楚亞語、曆法、宗教知識，還要學會識別「奇普」（一種幫助記憶的繩結記事的方法）。

電子書購買　　爽讀 APP

**國家圖書館出版品預行編目資料**

黃金與神話，印第安文明的遺產：從傳說中重
塑文明的起源與興衰，探究歷史叢林裡的神祕
國度 / 陳深名，林之滿，蕭楓 編著 . -- 第一版 . --
臺北市：崧燁文化事業有限公司 , 2024.04
面；　　公分
POD 版
ISBN 978-626-394-167-0( 平裝 )
1.CST: 印加文化 2.CST: 文化史 3.CST: 古代史
4.CST: 美洲
750.23　　113003833

# 黃金與神話，印第安文明的遺產：從傳說中重塑文明的起源與興衰，探究歷史叢林裡的神祕國度

臉書

編　　　著：陳深名，林之滿，蕭楓
發 行 人：黃振庭
出 版 者：崧燁文化事業有限公司
發 行 者：崧燁文化事業有限公司
E - m a i l：sonbookservice@gmail.com
粉 絲 頁：https://www.facebook.com/sonbookss/
網　　　址：https://sonbook.net/
地　　　址：台北市中正區重慶南路一段六十一號八樓 815 室
Rm. 815, 8F., No.61, Sec. 1, Chongqing S. Rd., Zhongzheng Dist., Taipei City 100, Taiwan
電　　　話：(02) 2370-3310　　　　傳　　　真：(02) 2388-1990
印　　　刷：京峯數位服務有限公司
律師顧問：廣華律師事務所 張珮琦律師

定　　　價：299 元
發行日期：2024 年 04 月第一版
◎本書以 POD 印製
Design Assets from Freepik.com